Die Deutsche-Bibliothek-CIP-Einheitsaufnahme:
Oldenburg – Farben einer grünen Stadt
Fotos und Texte von Peter Duddek
© Verlag Werkstatt für Grafik & Fotografie Peter Duddek, 2008
www.peterduddek.de
ISBN 978-3-9812523-0-9

Übersetzung
Englisch: Elaine Freitag
Fanzösisch: Agnes Perrin-Schmale
Niederländisch: Lars Unger
Russisch: Natalia Merkulova

Piktogramme: Carsten Märtin

Gestaltung und Satz: Peter Duddek

Druck: Druckhaus Schmücker, Löningen

Peter Duddek

Oldenburg

FARBEN EINER GRÜNEN STADT

Colours of a green city · Les couleurs d'une ville verte
Kleuren van een groene stad · Цвета зеленого города

Werkstatt für Grafik & Fotografie

Hoher Himmel, grün bis in die Innenstadt und eine Geschichte von 900 Jahren: Oldenburg. Die älteste bekannte Erwähnung der Stadt findet sich in einer Urkunde aus dem Jahre 1108. Der regierende Graf Egilmar I. von Oldenburg soll der Eintragung zufolge in jedem Jahr 90 Bund Aale an eine Gesandtschaft des Klosters Iburg übergeben haben – als Dank für kirchliche Fürbitten.

High skies, green right into the centre of town and a 900 year old history: Oldenburg. The oldest mention of the city can be found in a document from 1108. According to the entry, the governing Count Egilmar the 1st of Oldenburg is said to have presented 90 bundles of eel to the Iburg cloister as a thankyou for prayers spoken.

Verte jusqu'au centre, dotée d'un ciel infini et d'une histoire de 900 ans: Oldenbourg. La mention de la ville la plus ancienne que l'on connaisse se trouve dans un document de l'an 1108. On y rapporte que le comte régeant Egilmar I d'Oldenbourg aurait donné chaque année un paquet d'anguilles à une délégation du cloître de Iburg – en guise de remerciement pour des prières d'intercession.

Hoge luchten, groen tot in de binnenstad en een geschiedenis van 900 jaar: Oldenburg. De oudste bekende vermelding is te vinden in een oorkonde uit het jaar 1108. De toen regerende Graaf Egilmar I van Oldenburg zou volgens deze vermelding elk jaar 90 partijtjes paling aan een gezantschap van het Klooster Iburg hebben gegeven - als dank voor kerkelijke voorspraken.

Высокое небо, зелено вплоть до центра города и история в 900 лет: Ольденбург. Наистарейшее известное воспоминание о городе находится в документе из 1108 года. Правящий граф Эгильмар I фон Ольденбург, должен дать согласно регистрации, в каждом 90 году связку угрей дипломатическому представительству монастыря Ибург – в благодарность за церковные ходатайства.

Rund 50.000 Besucher kommen jedes Jahr im Sommer zum Töpfermarkt auf dem Schlossplatz. Im Bild gelungenes Retro-Design vor dem klassizistischen Portal der „Alten Wache".

Goldene Becher und Märchenwetter: Noch schöner wird's nur, wenn uns jemand das Tässchen mit duftendem Kaffee ans Bett bringt …

About 50 000 visitors come every year in summer to the pottery market in the Schlossplatz (palace square). Here you can see a well turned out retro design in front of the classical portal of the "old Guard".

Golden cups and fairy tale weather. It could only get better if the cup of deliciously smelling coffee could be served in bed…

À peu près 50 000 visiteurs viennent chaque été au Töpfermarkt, le marché de la poterie, sur la Place du Château. Ici, du design rétro réussi devant le portail néoclassique de la Vielle Garde.

Gobelets dorées et temps féerique … Que veut-on de mieux ?

Rond 50.000 bezoekers komen elk jaar in de zomer naar de pottenmarkt op het Kasteelplein. In beeld: geslaagd retrodesign voor het classicistisch portaal van de Oude Wacht.

Gouden bekers en stralend weer. Nog mooier wordt het alleen, als iemand ons een kopje met geurende koffie in bed serveert.

Примерно 50.000 посетителей прибывают каждый год в сентябре на Гончарный базар на Замковой площади. В картине удачный ретро-дизайн перед классическим порталом „Старой охраны".

Золотые кубки и сказочная погода:еще лучше станет если кто- то принесет нам в постель чашечку ароматного кофе …

Entspanntes Bummeln, mediterrane Atmosphäre …

… Exponate, die der Kunst oft deutlich näher sind als dem Kommerz …

Relaxing stroll through the stalls, the Mediterranean atmosphere …
… exhibits which are often nearer to art than commerce …
… and the backdrop of the Schlossplatz turns the pottery market into a special occasion.

Balade détendue, atmosphère méditerranéenne …
… des pièces d'exposition qui sont souvent plus proche de l'art que du commerce …
… et en coulisse, la Place du Château : tout cela fait du Töpfermarkt une expérience inoubliable.

Ontspannen flaneren, mediterrane sfeer …
… objecten die vaak dichter bij de kunst staan dan bij de commercie …
… en de entourage van het Kasteelplein maken de pottenmarkt tot een bijzondere ervaring.

Расслабленые прогулки, средиземноморская атмосфера …
… Экспонаты, которые намного ближе к искусству чем коммерции …
… и кулисы Замковой площади делают Гончарный базар чем то особенным.

… und die Kulisse des Schlossplatzes machen den Töpfermarkt zu einem Erlebnis besonderer Art.

Wo im Mittelalter eine Wasserburg zum Schutz des Hunte-Überganges stand, erhebt sich heute das Schloss. Graf Anton Günther begann 1607 den Umbau zu einem Barockschloss, der Westflügel im Bild links wurde in den Jahren 1894 – 97 angebaut.

Die Sonne des späten Nachmittags wärmt die Cafébesucher am alten Hafen.

The palace stands where in the middle ages a castle and moat (built in water) stood to protect the crossing of the Hunte. Count Anton Guenther began the rebuilding of the castle into a barock style palace in 1607. The west wing seen here on the left was built in 1894-97.

The late afternoon sun warms the café visitors at the old port.

Ici s'élevait au moyen-âge un château fort qui protégeait la jonction de la rivière Hunte. En 1607, le comte Anton Günther commença à le transformer en un château baroque. L'aile ouest, à gauche, fût ajoutée entre 1894 et 1897.

Le soleil de fin d'après-midi réchauffe les visiteurs du café-terrasse du vieux port.

Waar in de middeleeuwen een waterburcht ter bescherming van de Hunte-oversteekplaats stond, rijst vandaag het kasteel. Graaf Anton Günther begon in 1607 met de verbouwing tot een barokkasteel, de westvleugel links in beeld werd in de jaren 1894 - 97 bijgebouwd.

De zon op de late middag verwarmt de cafébezoekers bij de oude haven.

Где в средневековье стояла крепость с водными рубежами для защиты переправы через реку Хунте, возвышается сегодня замок. Граф Антон Гюнтер начал перестраивать здание в 1607 году в замок в стиле Барок, западное крыло на фото было достроено в 1894-97 годах.

Послеобеденное солнце согревает посетителей кафе в старом порту.

Herbstliches Spiegelbild: Die bunten Boote im alten Hafen haben festgemacht für die Winterpause.

Autumnal mirror image: the colourful boats in the old port are all tied up ready for the winter break.

Jeu de miroir automnal: les bateaux colorés ont jetté les amarres pour la pause hivernale.

Herfstelijk spiegebeeld: de bonte boten in de oude haven zijn vastgemaakt voor de wintermaanden.

Великолепное отражение: разноцветные лодки в старом порту пришвартовались для зимней паузы.

Die Hunte entspringt im Wiehengebirge und mündet bei Elsfleth in die Weser. In ihrem Oberlauf ist sie ein Paradies für Paddler, erst ab Oldenburg hat sie auch eine Bedeutung als Schifffahrtsstraße. Bis hierher setzen sich auch die Gezeiten aus der Nordsee fort, Ebbe und Flut sind deutlich zu spüren.

The river Hunte rises in the Wiehen hills and flows into the Weser at Elsfleth. In its upper reaches it is a paddler's paradise and it is only from Oldenburg on that it gains importance for shipping. The tidal flow of the North Sea reaches back as far as here.

La rivière Hunte prend sa source dans les montagnes du Wiehengebirge et se jette dans le Weser à la hauteur de Elsfleth. Dans son cours supérieur, elle est un paradis pour les pagayeurs. À partir d'Oldenburg, elle devient une voie navigable – sur laquelle l'influence des marées de la mer du Nord se fait nettement sentir.

De Hunte ontspringt in het Wiehengebergte en mondt bij Elsfleth uit in de Weser. Aan haar bovenloop is ze een paradijs voor kanoërs, pas vanaf Oldenburg heeft ze ook betekenis als een scheepvaartweg. Tot hier zetten zich ook de getijden uit de Noordzee voort, eb en vloed zijn duidelijk merkbaar.

Река Хунте берет начало в горах Виен и впадает возле Елсфлета в Вэзер. Верхнее течение ее- рай для байдарочников, только от Ольденбурга уже она имеет значение как путь для кораблей. Здесь присутствует влияние Северного моря, приливы и отливы отчетливо видны.

Ein sehenswertes Ensemble klassizistischer Häuser findet sich an der Huntestraße entlang der Mühlenhunte.

An interesting collection of classical houses can be found in the Huntestrasse, along the Muehlenhunte.

Un ensemble remarquable de maisons néoclassiques se trouve dans la rue de la Hunte, au bord de la rivière.

Een bezienswaardig ensemble van classicistische huizen bevindt zich aan de Huntestraße langs de Mühlenhunte.

Достойный созирцания ансамбль классических домов находится на Хунтештрассе, вдоль Мюленхунте.

Zentraler Treffpunkt in der Sonne: Der Rathausmarkt mit seinen Straßencafés ist für Oldenburger und ihre Gäste ein gern genutzter Ort für die Pause beim Stadtbummel. Hier kann man entspannen und flanierende Leute beobachten, kleine Hunde interessieren sich natürlich mehr für die Duftspuren auf dem Pflaster.

🌉 A central meeting place in the sun: The market square by the town hall (Rathausmarkt) with its cafés is a favourite spot for locals and visitors alike. You can sit and rest awhile and watch the passers by, and even little dogs will find something aromatic to smell on the pavements.

🗼 Rendez-vous au soleil : la place de la mairie avec ses cafés-terrasse est un endroit bien apprécié des oldenbourgeois et de leurs invités pour une pause pendant la balade en ville. Ici on peut se reposer et observer les flâneurs ; les petits chiens s'intéressent évidemment beaucoup plus aux odeurs excitantes du pavé…

🥿 Centraal trefpunt in de zon: de Stadhuismarkt met zijn straatcafeetjes is voor Oldenburgers en hun gasten een populaire plek voor pauzes tijdens de stadswandeling. Hier kun je ontspannen en naar flanerende mensen kijken, kleine hondjes zijn natuurlijk meer geïnteresseerd in geuren op de straatstenen.

🪆 Центральное место встречи на солнце: Рынок ратуши с его уличными кафе - это, как и для жителя Ольденбурга, и его гостей охотно используемое место для паузы во время городской прогулки. Здесь можно расслабится , понаблюдать фланирующих людей, собачки интересуются естественно больше запахами мостовой.

Um das Jahr 1200 gab es die erste nach dem Heiligen Lambertus benannte Kirche zwischen dem Schloss und der Stadt Oldenburg. Ihre heutige Form hat die Lambertikirche aber erst nach 1795 gefunden. Herzog Peter Friedrich Ludwig hatte angeregt, die alte Kirche durch einen Kuppelbau zu ersetzen. Das Innere der Kirche – es erinnert in seiner Form an das Pantheon in Rom – wurde seitdem nicht mehr wesentlich verändert.

Around 1200, the first church named after the holy Lambertus was situated between the palace and the town of Oldenburg, while its present form can be dated back to 1795. Duke Peter Friedrich Ludwig proposed to replace the old church with a dome shaped roof. The inside of the church – its form is reminiscent of the Pantheon in Rome – has seen little change since then.

La première église au nom de Saint-Lambert fût construite autour de l'an 1200 entre le château et la ville d'Oldenbourg. Ce n'est qu'après 1795 que la Lambertikirche a pris sa forme actuelle. Le duc Peter Friedrich Ludwig avait suggéré de remplacer la vieille église par un bâtiment à dôme. Depuis cette époque, l'intérieur de l'église – qui rappelle le panthéon de Rome – ne fût plus transformé de façon significative.

Rond het jaar 1200 stond er de eerste, naar de heilige Lambertus genoemde, kerk tussen het kasteel en de stad Oldenburg. Haar huidige vorm heeft de Lambertikerk echter pas na 1795 gekregen. Hertog Peter Friedrich Ludwig had voorgesteld om de oude kerk door een koepelbouw te vervangen. Het interieur van de kerk – het doet in zijn vorm denken aan het Pantheon in Rome – werd sindsdien niet meer wezenlijk veranderd.

В 1200 году первая названная по Святому Ламбертусу церковь находилась между замком и городом Ольденбургом. Свою сегодняшнюю форму нашла Ламбертицерковь, однако, только после 1795. Герцог Петер Фридрих Людвиг побудил заменить старую церковь на здание с куполом. Внутренняя часть церкви – напоминает по форме Римский Пантеон – больше не была с тех пор существенно изменена.

Die neugotische Backsteinfassade und die Türme der Lambertikirche entstanden in den Jahren 1873 – 1887, der Hauptturm ragt mit 86 Metern in die Höhe und prägt die Silhouette der Stadt.

The neo-gothic brick fassade of the Lamberti church towers were build between 1873 - 1887. The main tower rises 86 metres high, dominating the skyline of the town.

Les tours et la façade de briques de type néo-gothique de la Lambertikirche datent des années 1873-1887. Depuis 2007, on procède à une remise en état de l'intérieur de l'église.

De neogotische baksteenfaçade en de torens van de Lambertikerk ontstonden in de jaren 1873 - 1887, de hoofdtoren rijst 86 meter de lucht in en bepaalt de silhouet van de stad.

Псевдоготические кирпичные фасады и башни возникли в 1873-1887 годах, главная башня возвышается на 86 метров и создает силуэт города.

Das Degodehaus wurde 1502 erbaut. Graf Anton Günther schenkte es seinem Geheimen Rat Mylius von Gnadenfeld zur Hochzeit. 1860 übernahm Wilhelm Degode aus Jever das Haus, 1862 wurde hier der Maler Georg Wilhelm Degode geboren.

Im Haus befinden sich Geschäftsräume und liebevoll restaurierte Wohnungen. Eine große Deckenmalerei wurde 1992 entdeckt. Der Ausschnitt zeigt wilde Kannibalen, ein Motiv, das vermutlich auf die Erzählungen von Reisenden zurückgeht.

The Degode house was built in 1502. Count Anton Guenther presented it to his privy councillor Mylius von Gnadenfeld as a wedding gift. Wilhelm Degode of Jever bought the house in 1860, and it was here in 1862 that the painter Georg Wilhelm Degode was born. The house has business premises and lovingly restored rooms. A large wall tapestry was discovered in 1992. The detail shows wild cannibals, a motive that most probably goes back to stories related by travellers.

21: The Degode house was the only house to survive the city fire in 1676. Perhaps the traces of fire damage in the rafters bear witness to this?
The oak doorway in the attic must have seen many a visitor to have got into this condition.

La «Degodehaus» (maison Degode) fût construite en 1502. Le comte Anton Günter la donna en cadeau de mariage à son conseiller privé Mylius von Gnadenfeld. En 1860 elle fût acquise par Wilhem Degode de Jever et le peintre Georg Wilhelm Degode y est né en 1862.
Elle abrite des locaux commerciaux et des appartements restaurés avec goût. En 1992 on y découvrit une grande fresque de plafond. Elle montre des cannibales sauvages, un motif probablement inspiré par les récits de voyageurs de passage.

21: La Degodehaus est la seule maison d'habitation qui ait survécu au grand incendie de 1676 – est-ce que ces traces de feu sur la charpente du toit datent de cette époque?

Un très grand nombre de visiteurs ont dû passer sur ce seuil de porte en chêne pour qu'il en arrive à cet état d'usure!

Het Degodehuis werd in 1502 gebouwd. Graaf Anton Günther gaf het aan zijn geheime adviseur Mylius von Gnadenfeld voor diens huwelijk.
In 1860 nam Wilhem Degode uit

Als eines der wenigen überstand das Degodehaus den großen Stadtbrand von 1676 – ob die Brandspuren am Dachstuhl noch davon zeugen?

Die eichene Türschwelle auf dem Dachboden musste jedenfalls einige Besucher über sich ergehen lassen, um in diesen Zustand zu geraten.

Schon lange befreit von den Lasten des Arbeitslebens ist diese Transportwinde unter dem Dach des Degode-Hauses.

Jever het huis over, in 1862 werd hier de schilder Georg Wilhelm Degode geboren. Binnen bevinden zich kantoren en liefdevol gerestaureerde woningen. Een groot plafondschilderij werd in 1992 ontdekt. De uitsnede toont wilde kannibalen, een motief, dat vermoedelijk voortkomt uit verhalen van reizigers.

21: Als enig woonhuis doorstond het Degodehuis de grote stadsbrand van 1676 – zouden de brandsporen in de dakstoel daar nog van getuigen?
De eiken drempel op de zolder heeft in ieder geval een aantal bezoekers moeten laten passeren om in deze toestand te raken.

20: Дом Дегоде был построен в 1502 году. Граф Антон Гюнтер подарил этот дом своему тайному советнику Милиусу фон Гнаденфельд к свадьбе. В 1860 дом перенял Вильгельм Дегоде из Евера , а в 1862 здесь родился художник Георг Вильгельм Дегоде.
В доме находятся офисы и красиво отреставрированные квартиры. Большая плафонная живопись была открыта в 1992 году.
Часть ее показывает диких каннибалов, мотив основанный на рассказах путешественников.
21: Единственный дом Дегоде пережил большой городской пожар в 1676 году- засвидетельствуют ли это следы огня на крыше?
Дубовый дверной порог на крыше пропустил через себя многих посетителей, чтоб дойти до такого состояния.

22: The winch below the roof of the Degode house has long been free of heavy working loads.

22: Ce treuil de transport dans les combles de la Degodehaus est libéré depuis belle lurette des contraintes du travail quotidien.

22: Deze transportlier onder het dak van het Degodehuis is al lang van de lasten van het arbeidsleven bevrijd.

22: Уже давно освобожденная от груза трудовой жизни веялка лежит на чердаке дома Дегоде.

Spuren der Vergangenheit: Kinderkritzeleien und Abnutzungen von Generationen zeugen von einem bewegten Türen-Leben. Wer mag hier alles ein- und ausgegangen oder geschlichen sein, welche lauten oder zärtlichen Szenen haben sich vor ihr abgespielt und wer hat mit pochendem Herzen gelauscht, was hinter ihr vorgeht?

Traces of the past: Children's scribbles and the wear and tear of generations bear witness to a busy life. Who might have gone or crept in and out of here, what sounds or tender scenes might have been played out here, and who may have listened with beating heart to what was happening behind the door?

Traces du passé: des griffonnages d'enfants et l'usure de générations témoignent d'une vie de porte mouvementée. Qui peut bien être entré et sorti par cette porte, quelles scènes bruyantes ou tendres se sont jouées derrière elle et qui a écouté le cœur battant ce qui se passe de l'autre côté?

Sporen van het verleden: Kinderkrabbels en slijtage van generaties getuigen van een bewogen deuren-leven. Wie zou hier allemaal in en uit zijn gegaan of geslopen, welke luide of tedere scènes zullen zich voor haar hebben afgespeeld en wie heeft met kloppend hart geluisterd naar wat erachter gebeurt?

Следы прошлого:детские каракули и следы поколений свидетельствуют о бурной жизни двери.Кто заходил-выходил или прокрадывался,какие громкие или нежные сцены произошли за ней, и кто со стучащим сердцем подслушивал что за ней происходит?

Here too, there wafts a breath of history: The gunpowder keep is the last remaining part of the medieval town defences. It was built in 1529 as part of the Eversten Gate (below, front right in the museum's model). It was later used to store gunpowder during Danish occupation (1730-1765) and after the fortress was abandoned it was used until about 1900 as an ice cellar for the neighbouring palace. Today the large room on the second floor is used for exhibitions.

Ici aussi on peut sentir le souffle de l'histoire: la Pulverturm (la tour à poudre) est le dernier élément conservé de la forteresse qui protégeait la ville au moyen-âge. Construite en 1529, elle était partie intégrante de de la porte d'Eversten, plus tard, à l'èpoque de la forteresse danoise (1730 – 1765) elle servit à l'entreposage de poudre à canon. Après l'abandon de la forteresse et jusqu'au début du vingtième siècle, elle servit d'entrepôt à glace pur le château. Aujourd'hui, la grande pièce supérieure est une salle d'exposition.

Ook hier ademt de sfeer van de geschiedenis: De buskruittoren is het laatst bewaard gebleven bestanddeel van de middeleeuwse vestingwerken. Als onderdeel van de Everstenpoort werd hij in 1529 gebouwd (onderaan als maquette in het stadsmuseum op de voorgrond rechts), later in de tijd van de Deense vesting (1730 - 1765) als opslag voor buskruit gebruikt en diende hij na het opgeven van de vesting tot ongeveer 1900 als ijskelder voor het naburige kasteel. Tegenwoordig wordt de grote bovenste kamer gebruikt voor tentoonstellingen.

Также здесь веяние истории:Пороховая башня -последняя сохранившаяся часть средневековой городской крепости. Башня была построена в 1529 году как часть ворот Еверстен, позже во времена датской крепости (1730-1765) использовалась для хранения пороха, и служила приблизительно до 1900 года как ледовой погреб для соседнего замка.Сегодня верхнее помещение используется для выставок.

Auch hier weht der Hauch der Geschichte: Der Pulverturm ist der letzte erhaltene Bestandteil der mittelalterlichen Stadtbefestigung. Als Teil des Eversten Tores wurde er 1529 erbaut (unten im Modell des Stadtmuseums das ähnliche Dammtor im Vordergrund rechts), später in der Zeit der dänischen Festung (1730 - 1765) zur Lagerung von Pulver genutzt und diente nach Aufgabe der Festung bis etwa 1900 als Eiskeller für das benachbarte Schloss. Heute wird der obere Raum für Ausstellungen genutzt.

Der Schlossgarten ist ein hochkarätiges Juwel mitten in der Stadt. Der im Stil eines englischen Landschaftsgartens gestaltete Park dehnt sich auf einer Fläche aus, die so groß wie zwei Drittel der angrenzenden alten Innenstadt ist. Der Schlossteich war ursprünglich ein Teil der Festungsgräben.

Im Blumengarten vereinigen sich alte Gartenbaukunst und deren liebevolle Fortführung auf das Prächtigste.

🏰 The palace gardens is a jewel in the middle of town. The park, fashioned in the style of an English country park, covers an area two thirds the size of the old city nearby. The palace lake was originally part of the moat.

In the flower garden, old style horticulture and its modern day equivalent combine to magnificent effect.

🗼 Le Schlossgarten (jardin du château) est un joyau au milieu de la ville. Aménagé dans le style des parcs à l'anglaise, il s'étend sur une surface égale aux deux tiers de celle du centre-ville historique avoisinant. L'étang est né d'une partie de l'ancien fossé des fortifications.

Le jardin réunit de façon somptueuse l'arrangement paysagé d'autrefois et sa continuation contemporaine

🥐 De kasteeltuin is een prominent juweel midden in de stad. Het in de stijl van een Engelse landschapstuin vormgegeven park breidt zich uit op een vlak zo groot als twee derde van de aangrenzende oude binnenstad. De kasteelvijver was oorspronkelijk een onderdeel van de vestingsloten.

In de bloementuin verenigen oude tuinbouwkunst en haar liefdevolle voortzetting zich op een prachtige manier.

🪆 Замковый парк- высококаратовый бриллиант посреди города. В стиле английского ландшафта оформленный парк простирается на площади, величиной как две трети старого центра города. Замковый пруд был первоначально частью котлована крепости.

В цветнике объединяются старое садоводство и его заботливое продолжение в самое великолепное.

Flowering rhododendron, lavish cherry blossom or radiant ornamental cabbage in autumnal surroundings – the palace gardens has particular charms for every season and inviting places for enjoying the art of idleness.

Rhododendrons en fleurs, profusion de fleurs de cerisiers ou encore chou décoratif dans un paysage automnal – chaque saison prête au jardin du château son charme particulier et invite à une promanade oiseuse.

Bloeiende rododendrons, overdadige kersenbloesems en schitterende sierkool in herfstelijke omgeving – elk jaargetijde heeft de kasteeltuin zijn heel speciale charme en uitnodigende plekjes voor de kunst van het nietsdoen.

Цветущие рододендроны, расточительный вишневый цвет или блестящая декоративная капуста осенью- в каждое время года есть у парка специфическое обаяние и заманчивые места для праздного времяпровождения.

Blühende Rhododendren, verschwenderische Kirschblüten oder leuchtender Zierkohl in herbstlicher Umgebung – zu allen Jahreszeiten hat der Schlossgarten seine ganz speziellen Reize und einladende Plätzchen für die Kunst des Müßiggangs.

Der Fischerjunge am Theaterwall, Brunnenfigur von Prof. Paul Peterich (1900).

The fishing boy on Theaterwall, well figure made by Prof. Paul Peterich in 1900.

The charm of the Bergstrasse lies in its beautifully kept historic buildings.

Le jeune pêcheur du Theaterwall, une fontaine du professeur Paul Peterich (1900).

L'aménagement historique soigné fait le charme de la Bergstrasse.

De visserjongen aan de Theaterwall, fonteinfiguur van Prof. Paul Peterich (1900).

De goed onderhouden historische bebouwing bepaalt de charme van de Bergstraße.

Мальчик- рыбак на Театрваль, скульптура профессора Пауля Петериха (1900).

Шарм Бергштрассе- красивые ухоженные исторические постройки.

Die schön gepflegte historische Bebauung
macht den Charme der Bergstraße aus.

Flohmarktbummel in Wechloy oder Suche nach edlem Interieur im Herbartgang: Angebot und Atmosphäre locken auch Nachbarn aus Bremen oder Groningen zum Einkaufen in die Stadt. – Ein schöner Blickfang in der Langen Straße sind die Gebäude der Hof-Apotheke und des ehemaligen Graf-Anton-Günther-Hotels, entstanden im Stil der Weser-Renaissance unmittelbar nach dem Stadtbrand von 1676.

Wandering through the fleamarket in Wechloy or looking for high quality interiors in the Herbartgang: The wide choice available and the atmosphere of the town attracts shoppers from neighbouring Bremen and Groningen. – The Hof-Apotheke (pharmacy) and the former Graf-Anton-Guenther Hotel, built directly after the fire of 1676 in the Weser Renaissance style, are an eye-catching sight in the Langestrasse.

Visite du marché aux puces de Wechloy ou encore lèche-vitrine dans le Herbartgang : La variété de l'offre et l'atmosphère agréable attirent tout autant les voisins de Brême que ceux de Groninge.
Les édifices de la Hof-Apotheke (pharmacie de la cour) et de l'ancien hôtel Graf-Anton-Günther constituent un point de mire important dans la Langenstraße. Ils ont tous les deux été construits dans le style renaissance de la Weser, peu après le grand incendie de 1676.

Vlooienmarkt in Wechloy of het zoeken naar exclusieve interieuraccessoires in de Herbartgang: aanbod en sfeer lokken ook buren uit Bremen of Groningen naar de stad om te winkelen. – Mooie blikvangers in de Lange Straße zijn de gebouwen van de Hofapoteek en het voormalige Graaf-Anton-Günther-Hotel, ontstaan in de stijl van de Weserrenaissance onmiddellijk na de stadsbrand van 1676.

Прогулка по блошиному рынку или поиск благородного интерьера в Гербартганг: ассортимент и атмосфера манят даже соседей из Бремена или Гронингена за покупками в город.- Красивая приманка для глаз на Лангештрассе- это здания придворной аптеки и бывшего отеля графа Антона Гюнтера, возведенного в стиле Везер-Возрождения, непосредственно после городского пожара в 1676 году.

In den Sommermonaten ist die große Wiese des Schlossgartens
ein beliebter Treffpunkt für Jugendliche.

Das Eversten Holz ist ein nicht kleiner Wald mitten in der Stadt, gleichermaßen beliebt bei Joggern, Hundebesitzern und Familien mit Kindern.

The large meadow in the palace gardens is a favourite meeting place for young people in the summer months.

Eversten Holz is a substantial wood right in the middle of town, loved by joggers, dog-walkers and families alike.

En été, le grand pré du jardin du château est un lieu de rencontre très apprécié de jeunes.

Le Eversten Holz (le bois d'Eversten) est une forêt de grandeur respectable, aimée à la fois des joggeurs, des propriétaires de chien et des familles.

In de zomermaanden is de grote weide in de kasteeltuin een populair trefpunt voor jongeren.

Het Eversten Hout is een niet klein bos midden in de stad, even populair bij hardlopers en hondenbezitters als gezinnen met kinderen.

Большая поляна Замкового парка летом- популярное место для встреч среди молодых людей.

Еверстен Хольц не только маленький лес в центре города , но также любимое место бегунов, владельцев собак и семей с детьми.

Auch der Lappan zählt zu den Überlebenden des großen Stadtbrandes. Der Glockenturm des ehemaligen Heilig-Geist-Spitals wurde 1467 an das ursprüngliche Gebäude angebaut – „angelappt" – und ist heute ein Wahrzeichen der Stadt.

Lappan also survived the city fire in the 17th century. The bell tower of the former Holy-Ghost-Spital was added on to the original building in 1467 – and today is the town's emblem.

Le Lappan compte parmi les quelques survivants du grand incendie. Le clocher de l'ancien Heilig-Geist-Spital (hospice du Saint-Esprit) a été ajouté au bâtiment original en 1467 – «angelappt», de là son nom. Il est aujourd'hui un des emblèmes de la ville.

Ook de Lappan hoort bij de overlevenden van de grote stadsbrand: de klokkentoren van het voormalige Heilig-Geist-hospitaal werd in 1476 aan het oorspronkelijke gebouw aangebouwd - „aangelapt" - en is nu een stadssymbool.

Лаппан также причислен к пережившим большой городской пожар.В 1467 году к начальному зданию пристроили колокольню бывшего госпиталя Святого Духа - и сегодня Лаппан является символом города.

Größe aus eigener Kraft: Nicht Star-Architekten, sondern Mitarbeiter des städtischen Hochbauamtes haben das wunderbare Horst-Janssen-Museum entworfen. Neben dem Besuch schöner Ausstellungen lohnt auch das Kaffeetrinken im Museumsgarten.

No star architect, but colleagues of the town planning office designed the wonderful Horst-Janssen Museum. As well as a visit to the exhibitions, a coffee in the museum garden is also worth taking in.

Ce ne sont pas des architectes à renommé internationale qui ont conçu le merveilleux musée Horst Jansen, mais bien des architectes employés de la ville. Après avoir vu une belle exposition, on peut boire un café dans la cour.

Grootheid uit eigen kracht: Niet ster-architecten, maar medewerkers van het stedelijk bureau voor hoogbouw hebben het prachtig Horst-Janssen-Museum ontworpen. Naast het bezoeken van mooie tentoonstellingen is ook het koffiedrinken in de museumtuin de moeite waard.

Большое собственными силами: не известные архитекторы, а сотрудники городского строительного управления создали чудесный музей Хорста Янсена. Наряду с посещением выставок есть возможность выпить кофе в музейном саду.

Die „17 Hippies" bei einem fulminanten Konzert in der Kulturetage – eines der Veranstaltungszentren, in denen über das ganze Jahr ein lebendiges Kulturprogramm zu sehen ist.

The "17 Hippies" at a sparkling concert in the Kulturetage – one of the main venues of the city, offering a vibrant cultural programme throughout the year.

Les «17 Hippies» pendant un concert fulminant dans le Kulturetage – un des théâtres indépendants qui offrent un progrmme culturel varié tout au cours de l'année.

De „17 Hippies" tijdens een geweldig concert in de Kulturetage, een van de cultuurcentra waar het hele jaar door een levendig cultureel programma te zien is.

„17 Хиппи" во время концерта в Культур-этаже,- один из развлекательных центров в котором круглый год можно видеть живую культурную программу.

Peter Friedrich Ludwigs Hospital ist mittlerweile zum städtischen Kulturzentrum geworden. Als das Hospital am 8. Oktober 1841 seine Pforten öffnete, gehörte es zu den fortschrittlichsten Krankenanstalten im deutschsprachigen Raum. Erst 1984 wurde der Krankenhausbetrieb hier eingestellt und machte Platz für die Kultur.

Peter Friedrich Ludwigs Hospital has become one of the main centres of cultural life in the city. When it was opened on the 8th of October 1841 it was one of the most advanced hospitals in Germany and beyond. It was only closed in 1984, where it has since made way for the arts.

Lorsque l'hôpital Peter Friedrich Ludwig ouvrit ses portes le 8 octobre 1841, il était l'un des hôpitaux les plus avantgardistes de l'Europe germanique. Ce n'est qu'en 1984 qu'il changea de vocation et qu'il fût transformé en centre culturel.

Peter Friedrich Ludwig's hospitaal is inmiddels het stedelijke cultuurcentrum geworden. Toen het hospitaal op 8 oktober 1841 zijn poorten opende, hoorde het bij de meest vooraanstaande ziekenhuizen in het Duitstalige gebied. Pas in 1984 werd het ziekenhuisbedrijf stop gezet en maakte plaats voor de cultuur.

Петер Фридрих Людвиг госпиталь стал между тем городским культурным центром. Когда 8 октября 1841 года открылись ворота госпиталя, он принадлежал к самым прогрессивным больницам в немецкоговорящем регионе. Лишь в 1984 году работа больницы была остановлена и освободилось место для культуры.

Am Sonnabend dient der Bummel über den Pferdemarkt nicht nur der Versorgung von Küche und Garten sondern mindestens genauso der Pflege von Kontakten.

On a Saturday the stroll through the Pferdemarkt is not just for attending the needs of kitchen and garden but also for fostering and cultivating friendships.

In Oldenburg, there is a well known, effective way of tackling rising petrol prices: Getting on your bike. An extensive network of cycle paths, partly well away from the main traffic flow, crisscross the whole town.

Quand on va au Pferdemarkt le samedi, ce n'est pas seulement pour s'approvisionner en légumes et en fleurs. L'entretien des contacts y joue un rôle tout aussi important!

Une solution contre les prix élevés de l'essence est déjà bien familière aux oldenbourgeois: se déplacer à bicyclette. Un réseau de pistes cyclables bien développé, en partie séparées des rues carrossables, couvre toute la ville. Le seul problème : retrouver sa monture – comme ici dans la Heiligenteiststraße. La solution est parfois très colorée…

De wandeling over de Paardenmarkt op zaterdag dient niet alleen ter bevoorrading van keuken en tuin maar evenzeer ter onderhouding van contacten.

Een effectief middel tegen hoge benzinekosten is voor de Oldenburgers al lang vertrouwd: het overstappen naar de fiets. Een goed netwerk van fietspaden, deels afgelegen van de verkeersdrukte doortrekt de hele stad. Alleen het terugvinden geeft – zoals hier in de Heiligengeiststraße – wel eens problemen, maar ook hiervoor zijn er creatieve oplossingen.

Субботняя прогулка по Пфердемаркт служит не только для снабжения кухни и сада, но также и налаживанию контактов.

Эффективное средство против высоких цен на бензин давно известно жителям Ольденбурга: переход на велосипед. Хорошая сеть велосипедных дорожек, частично в стороне от автодвижения, пересекает весь город. Только снова найти велосипед- как тут на Хайлигенгайстштрассе- является иногда проблемой, но всегда находятся различные решения.

Ein wirksames Mittel gegen hohe Benzinkosten ist Oldenburgern lange vertraut: der Umstieg auf's Rad. Ein gutes Netz von Radwegen, teils abseits der Verkehrsströme, durchzieht die ganze Stadt. Nur das Wiederfinden führt – wie hier in der Heiligengeiststraße – mitunter zu Problemen, aber auch dafür gibt es bunte Lösungen.

Ob sorgsam gepflegtes Oldtimer-Rad oder stolze Holland-Gazelle – vereint sind die Radfahrer der Stadt im Kampf gegen die Widrigkeiten des Wetters. Dichtes Schneegestöber wie rechts an der Ofener Straße ist die Ausnahme, Gegenwind leider die Regel.

Whether on a well looked after oldtimer bike or a proud Holland Gazelle – the cyclists are united in their fight against the adversity of the weather. Thick snow flurries like this on the right in Ofener Strasse are the exception, while strong head winds are unfortunately the rule.

Que ce soit sur une bicyclette rétro bien soignée ou sur une «Gazelle» d'Hollande – les cycliste sont unis dans la lutte aux intempéries. Une tempête de neige, comme à droite sur la Ofenerstraße, est plutôt l'exception, la règle est malheureusement souvent un grand vent de face.

Of zorgzaam onderhouden Oldtimerfiets of trotse Holland-gazelle – verenigd zijn de fietsers van de stad in de strijd tegen onaangename weersomstandigheden. Een dik pak sneeuw zoals rechts aan de Ofener Straße is een uitzondering, tegenwind helaas de regel.

Или заботливо ухоженный старый велосипед, или гордая голладская газель- велосипедисты объединились в борьбе против неприятной погоды.Плотный снежный сугроб как справа на Офенерштрассе - исключение, встречный ветер к сожалению- правило.

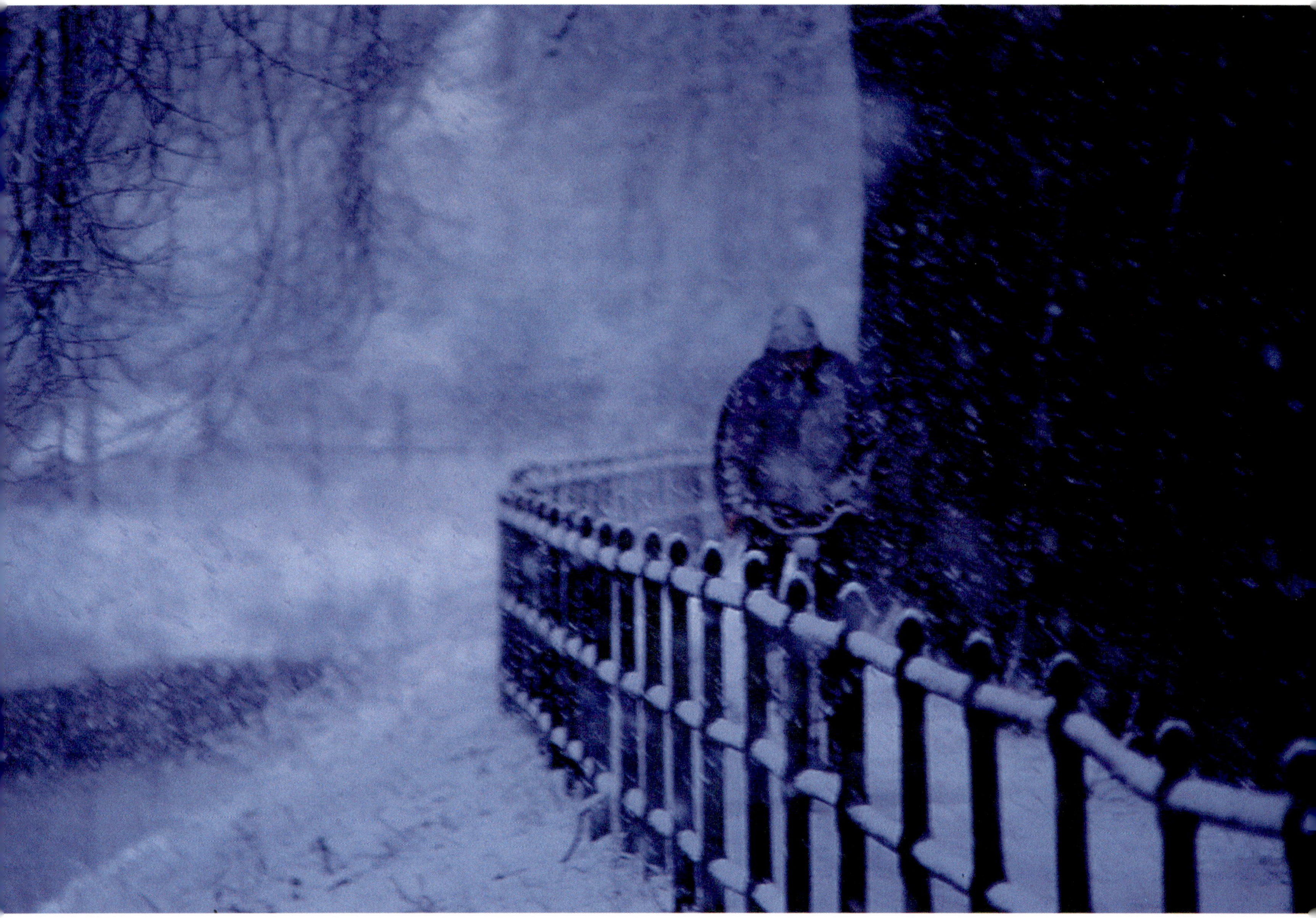

Unbeugsamer Demokrat und Friedensnobelpreisträger: Carl von Ossietzky starb am 4. Mai 1938 in Berlin an den Folgen der im KZ Esterwegen erlittenen Folterungen. Seit 1996 erinnert die Skulptur am Theaterwall von Manfred Sihle-Wissel an ihn.

Das Preußenpalais am Cäcilienplatz war zeitweilig Sitz der Preußischen Gesandtschaft.

Uncompromising democrat and nobel peace prize winner Carl von Ossietsky died on the 4th of May 1938 in Berlin as a result of the torture he suffered in the Esterwegen concentration camp. Manfred Sihle-Wissels sculpture on Theatrewall was erected in 1996 in his memory.

The Prussian palace in the Caecilienplatz was the temporary seat of the Prussian legation.

Démocrate inflexible et prix Nobel de la paix: Carl von Ossietzky est mort le 4 mai 1938 à Berlin suite aux tortures subies dans le camp de concentration d'Esterwegen. Une sculpture de Manfred Sihle-Wissel sur le Theaterwall lui rend hommage depuis 1996.

Le Preußenpalais sur la Cäcilienplatz fût de façon temporaire le siège de la délégation prusse.

Onbuigzame democraat en winnaar van de Nobelprijs voor de vrede: Carl van Ossietzky stierf op 4 mei 1938 aan de gevolgen van de in het concentratiekamp Esterwegen ondergane martelingen. Sinds 1996 herinnert de sculptuur aan de Theaterwall van Manfred Sihle-Wissel aan hem.

Het Pruisenpalais op het Cäcilienplein was tijdelijk zetel van het Pruisisch gezantschap.

Непреклонный демократ и лауреат Нобелевской премии: Карл фон Озитски скончался 4 мая 1938 года в Берлине от последствий пыток перенесенных им в концлагере Естервеген. С 1996 года напоминает о нем скульптура Манфреда Зиле-Виссель на Театрваль.

Прусский дворец на площади Сесилии был временным дипломатическим представительством Пруссии.

The Caecilienplatz is a quiet little park behind the theatre, which has increasingly become home to a growing community of boules players.

La Cäcilienplatz, un petit parc derrière le Théâtre d'État, est devenu la patrie d'une communauté grandissante de joueurs de pétanque.

Het Cäcilienplein is een klein park achter het theater, wat een thuis is geworden voor een groeiende gemeente van jeu des boules spelers.

Площадь Сесилии это маленький парк за театром, который стал родиной растущей общины игроков в боулинг.

Der Cäcilienplatz ist ein kleiner Park hinter dem Theater, der zur Heimat für eine wachsende Gemeinde von Boulespielern geworden ist.

So schön die Spiegelungen auf dem Kopfsteinpflaster des Marktes auch sind, bei dem Wetter will man dann doch lieber nach Hause zu einer heißen Tasse Tee.

The light reflecting on cobbled stones of the market might be a sight worth seeing, but in this weather a nice hot cup of tea at home would be preferable.

Malgré les beaux jeux de lumière sur les pavés du marché, par un temps pareil on préfère être à la maison avec une tasse de thé bien chaud.

Hoe mooi de lichtreflecties op de straatstenen van de markt ook zijn, bij dit weer wil men toch liever naar huis voor een kop hete thee.

Как ни прекрасны световые рефлексы на булыжной мостовой рынка, при такой погоде все хотят лучше домой на чашку горячего чая.

49

Das vom Haarenesch abziehende Donnerwetter hat die Blüten des Rotdorn verschont und sorgt nun für unwirklich schwefliges Licht.

The thunder storm drifting away from the Haarenesch has left the hawthorn petals intact and has provided unreal, sulphurous light.

Franz-Poppe-Strasse: The colourful leaves look flattering on the little black number.

L'orage qui s'éloigne du quartier Haarenesch a fait grâce aux fleurs de l'épine rouge et laisse derrière lui une lumière sulfurique d'apparence irréelle.

Bien seyantes sont ces feuilles d'érable sur fond noir – Franz-Poppe-Straße.

Het van de Haarenesch wegtrekkende onweer heeft de bloesems van de rode meidoorn gespaard en zorgt nu voor onwerkelijk zwavelig licht.

Mooi is deze bonte esdoorn op een kleine zwarte – Franz-Poppe-Straße.

От Хааренэш отходящая гроза пощадила цветы боярышника и способствует невольно желтоватому свету.

Пестрый клен на маленьком черном- Франц-Поппе-штрассе.

Kleidsam ist dieser bunte Ahorn auf einem
kleinen Schwarzen – Franz-Poppe-Straße.

Schön und eigensinnig:
Skulptur an einem Haus
in der Werbachstraße.

Bürgerhäuser am Haarenufer im Licht des späten Nachmittags.

Lovely and obstinate: A sculpture on a house in the Werbachstrasse.

Belle et originale: sculpture sur une maison de la Werbachstraße.

Fraai en eigenzinnig - sculptuur aan een huis in de Werbachstraße.

Красиво и своеобразно: скульптура возле одного дома на Вербахштрассе.

Town houses on the Haarenufer in the late afternoon light.

Maisons bourgeoises aux berges de la Haare, baignées dans la lumière de fin d'après-midi.

Burgerhuizen aan de Haarenoever in het namiddaglicht.

Жилые дома в послеобеденном свете на Хааренуфер.

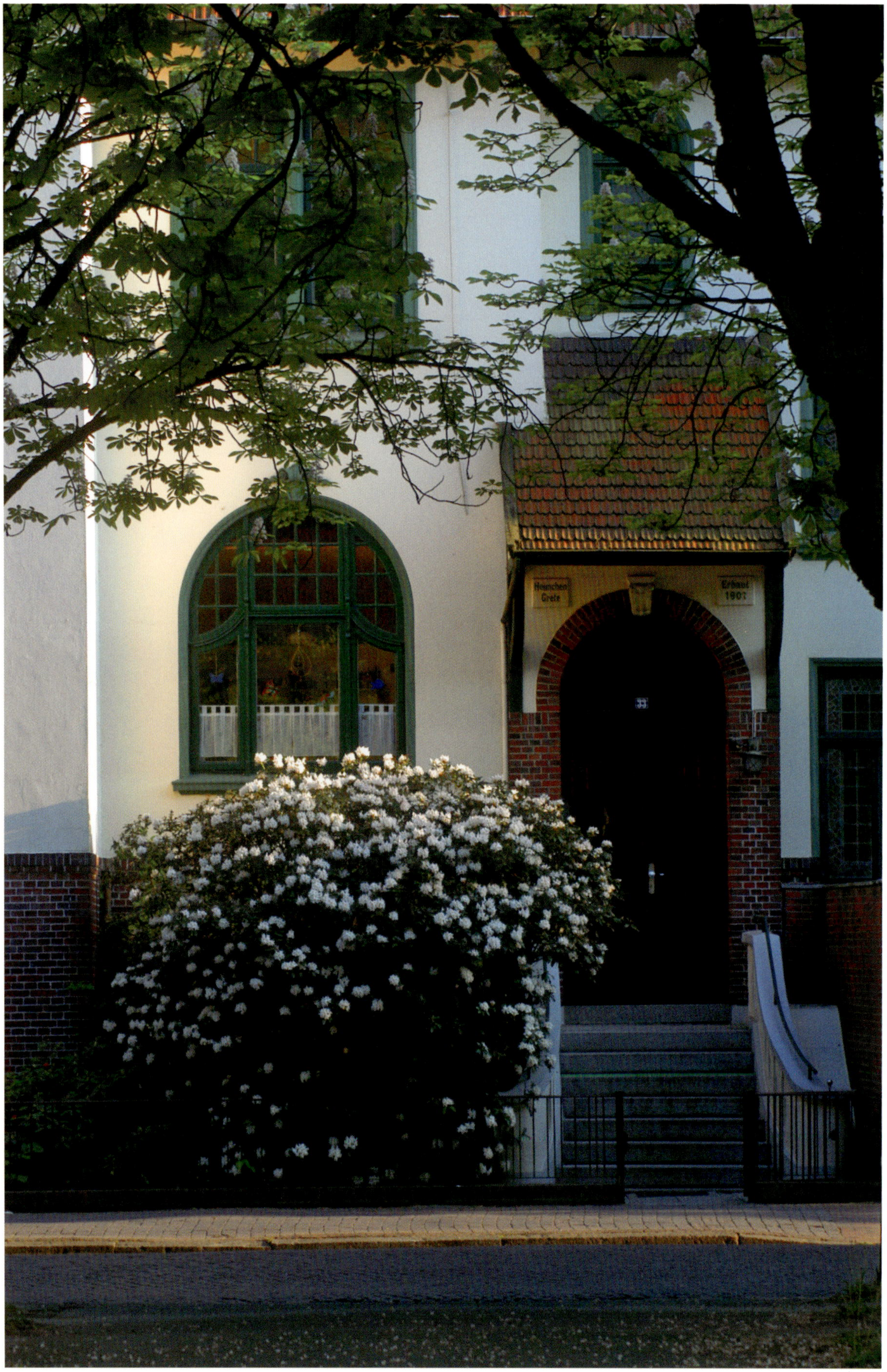
Grete
Erbaut
1907

An vielen Häusern der Stadt sind Einflüsse des Jugendstils zu erkennen, hier am Theodor-Tantzen-Platz. Auf dessen anderer Seite leuchten die Kastanien – und stehlen dem protzigen Portal des alten Landtags die Show.

The influence of Art Nouveau style can be seen in many of the city's houses, as here in the Theodor-Tantzen-Platz. On the other side the chestnut trees glow and steal the show from the swanky portal of the old state parliament building.

On découvre l'influence de l'Art Nouveau dans beaucoup d'édifices de la ville, ici à la Theodor-Tantzen-Platz. À l'arrière brillent les châtaigniers et volent la vedette au portail tape-à-l'œil.

Bij veel huizen in de stad zijn invloeden van de jugendstil te herkennen, hier bij het Theodor-Tantzen-Plein. Aan de andere zijde schitteren de kastanjebomen – en stelen de show van het protserige portaal van de oude landdag.

Во многих домах видно влияние стиля модерн, как тут на Теодор-Танцен площади. На другой стороне светятся каштаны- и отбирают шоу у хвастливого портала старой мерии.

Der Nebel wagt sich nicht oft vor bis in die Stadt. Aber wenn er kommt, erzeugt er eine eigentümlich gedämpfte Atmosphäre wie hier in der Hindenburgstraße oder dort am Schloss …

The fog doesn't often venture so far into town. But when it comes, it creates a strangely muted atmosphere, as here in the Hindenburgstrasse or there at the palace …

Le brouillard ne s'aventure pas souvent dans la ville. Mais quand il vient, il produit une atmosphère ouattée particulière, comme ici dans la Hindenburgstraße, ou encore là près du château …

De mist waagt zich niet vaak tot in de stad. Maar als hij komt, creëert hij een eigenaardig gedempte sfeer zoals hier in de Hindenburgstraße of daar bij het kasteel …

Туман не отваживается проложить себе путь в город. Но если все же придет, то создает свою собственную приглушенную атмосферу, как тут на Хинденбургштрассе или там возле замка …

... selbst der morgendliche Stau vor der Cäcilienbrücke wirkt ruhiger und Frau Spinne an der Uferstraße wartet mit der Hausarbeit, bis die Wohnung wieder trocken ist.

... even the morning rush hour traffic at the Caecilien Bridge seems quieter and Mrs Spider on the Uferstrasse leaves the housework until the house is dry again.

... même l'embouteillage devant le Cäcilienbrücke se vit de façon plus calme et sur la Uferstraße, Dame Araignée attend que sa maison soit sèche pour se remettre au travail.

... zelfs de ochtendfile voor de Cäcilienbrug lijkt rustiger en mevrouw spin aan de Uferstrasse wacht met het huishoudelijke werk tot dat de woning weer droog is.

... даже утренняя пробка на мосту Сесилии выглядит спокойно, и паук на Уферштрассе ждет с домашней работой, пока высохнет квартира.

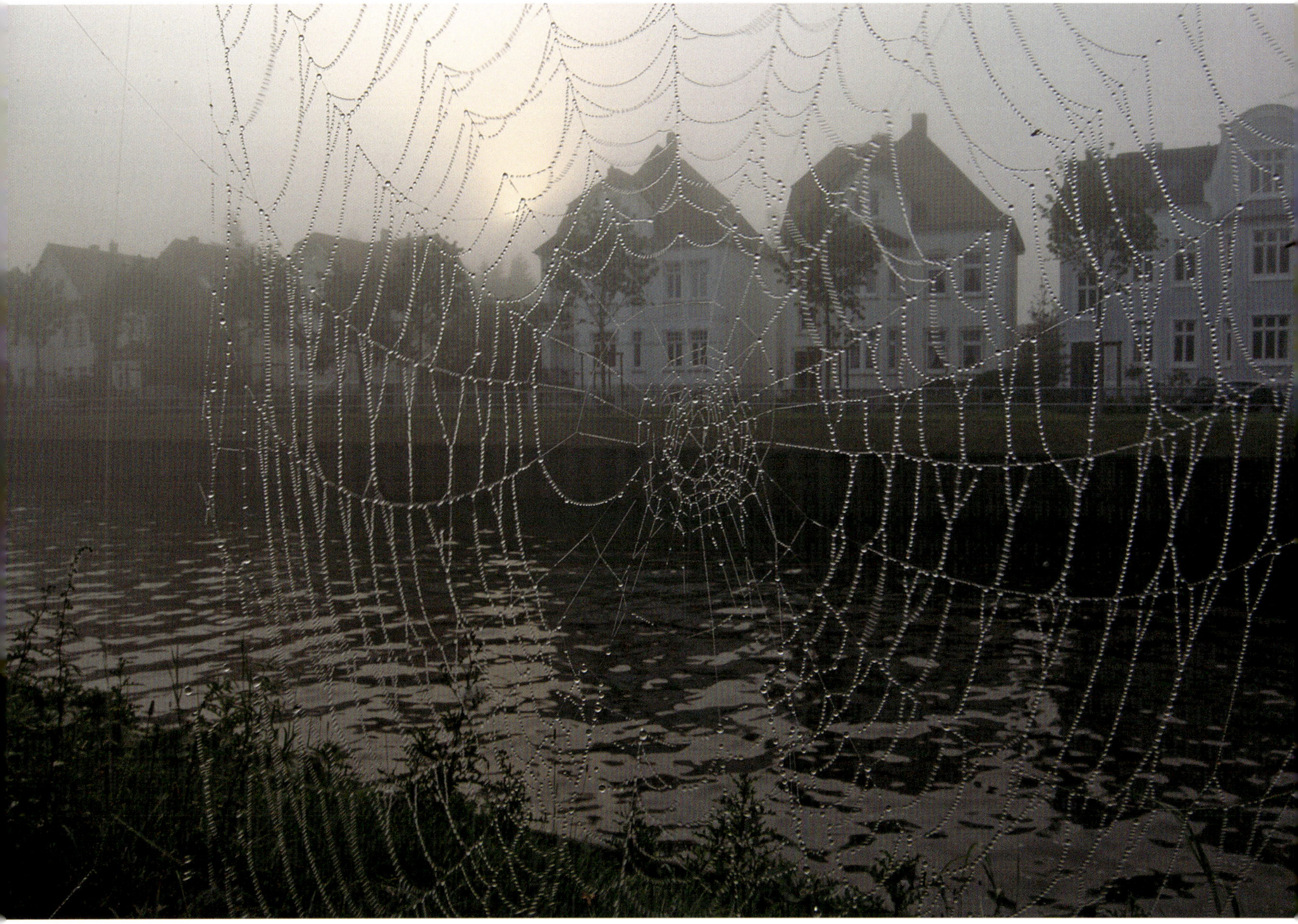

A little later, the sun is shining again, the boats show visitors the town from the water and the Caecilienbridge, also over 80 years old, stretches in the sun – only when she has to lift her 40 metres of steel for larger ships to pass under do you hear a slight groan.

Le soleil brille à nouveau, les bateaux-mouches permettent aux visiteurs de voir la ville d'une autre perspective et le pont-levis, âgé de 80 ans, se prélasse au soleil. Mais quand il doit soulever ses 40 mètres d'acier pour laisser passer de grosses barges, on entend un léger gémissement.

Even later schijnt alweer de zon, de boten laten de stad vanuit het water aan bezoekers zien en de Cäcilienbrug, ook al meer dan 80 jaar oud, rekt zich uit in de zon – alleen als ze haar 40 meter staal voor grotere schepen moet hijsen, hoor je een zachte kreun.

Немного позже опять светит солнце, лодочники показывают посетителям город с воды, и мост Сесилии , тоже возрастом более 80 лет, простирается к солнцу- и только если он должен поднять 40 метров стали для прохода больших кораблей , слышен тихий вздох.

Etwas später scheint schon wieder die Sonne, die Börteboote zeigen Besuchern die Stadt vom Wasser aus und die Cäcilienbrücke, auch schon über 80 Jahre alt, streckt sich in der Sonne – nur wenn sie ihre vierzig Meter Stahl für größere Schiffe heben muss, hört man ein leises Ächzen.

Das Oldenburgische Staatstheater erhebt sich mit seiner mächtigen Kuppel über den Häusern der Altstadt. Der Neobarockbau mit klassizistischer Hülle öffnete 1893 die vornehmen Türen, das alte Theater war einem Feuer zum Opfer gefallen. – Medienauftrieb und Prominenz gibt es hier zur Eröffnung des Oldenburger Filmfestes: Peter Lohmeyer gibt geduldig Auskunft.

Oldenburg's main theatre rises over the rooftops of the old town with its massive dome. The neo-baroque building first opened its elegant doors in 1893, the old theatre having been destroyed in a fire. – Media and prominent figures are here for the opening of Oldenburg's Film festival: Peter Lohmeyer patiently answers peoples' questions.

Le Théâtre d'État d'Oldenbourg, avec sa coupole majestueuse, s'élève au-dessus des maisons de la vielle ville. L'Édifice historiciste actuel ouvrit ses portes en 1893, après que son prédécesseur eut été victime d'un incendie. – Tapage médiatique et personnalités se rencontrent ici à l'ouverture du Festival du Film d'Oldenbourg : Peter Lohmeyer répond patiemment aux questions.

Het Oldenburgse Staatstheater verheft zich met zijn machtige koepel boven de huizen van de oude binnenstad. De neobarokbouw opende in 1893 zijn voorname deuren, het oude theater was aan de vlammen ontvallen - media-aandacht en prominenten zijn er hier tijdens de opening van het Oldenburgs Filmfestival: Acteur Peter Lohmeyer geeft geduldig informatie.

Ольденбургский государственный театр с его величественным куполом возвышается над домами старого города. Здание в стиле необарок открыло свою аристократичную дверь в 1893 году, старый театр пал жертвой огня. срсдства массовой информации и видные деятели присутствуют здесь на открытии ольденбургского кинофестиваля: Петер Ломаер терпеливо дает информацию.

Die Langzeitbelichtung lässt die Lichter fahrender Autos vor dem Theater über dem Asphalt schweben.

1878 wird auf dem Friedensplatz zum Gedenken an Kriegsopfer die Friedenssäule errichtet. Auf der Spitze erhebt sich ein Engel, der 1942 zu gar nicht friedlichen Zwecken von der Säule geholt und eingeschmolzen wird. – Dahinter die 1894 erbaute Friedenskirche der Methodisten.

A long exposure time lets the lights of the cars float over the tarmac in front of the theatre.

The peace column in the Friedensplatz was erected in 1878 to remember victims of war. On the top of the column rises an angel which was taken down and melted in 1942 for less peaceful intentions. Behind, the Friedenskirche of the Methodists, built in 1894.

Devant le Théâtre l'ouverture prolongée de la lentille laisse flotter au-dessus de l'asphalte la lumière des phares.

La Friedenssäule (Colonne de la Paix) fût érigée en 1878 sur la Friedensplatz. Sur sa pointe s'élève un ange – qui fût enlevé et fondu en 1942 pour des fins très peu pacifiques … En arrière-plan, la Friedenskirche des méthodistes, contruite en 1894.

De lange openingstijd laat de lichtjes van rijdende auto's voor het theater boven het asfalt zweven.

In 1878 wordt op het Vredesplein ter herdenking aan oorlogsslachtoffers de vredeszuil geplaatst. Op de top prijkt een engel, die er in 1942 voor helemaal niet vreedzame bedoelingen wordt afgehaald en omgesmolten. – Daarachter de in 1894 gebouwde vredeskerk van de methodisten.

Задержка времени дает возможность огням движущихся перед театром машин, парить над асфальтом.

В 1878 году на площади Мира возвели колонну в память о жертвах войны. На вершине колонны возвышается ангел, который в 1942 году был снят и расплавлен вовсе не в мирных целях.- Сзади построеная в 1894 церковь методистов.

Herrschaftliche Bürgerhäuser und Villen mit prächtigen Gärten (links in der Adlerstraße, rechts an der Gartenstraße) sind in großer Zahl erhalten und prägen einen Teil des Stadtbildes.

Grand town houses and villas with magnificent gardens (left in the Adlerstrasse, right in the Gardenstrasse) have been well preserved and characterise a whole part of town.

Beaucoup de maisons bourgeoises majestueuses et de villas aux jardins somptueux (à gauche dans la Adlerstraße, à droite dans la Gartenstraße) ont été conservées et constituent une des caractéristiques enviables de la ville.

Voorname burgerhuizen en villa's met prachtige tuinen (links in de Adlerstraße, rechts aan de Gartenstraße) zijn in groten getale bewaard gebleven en bepalen een deel van het stadsbeeld.

Великолепные жилые дома и виллы с прекрасными садами(слева на Адлерштрассе, справа на Гартенштрассе) сохранившиеся в большом колличестве, составляют часть городского вида.

Diese von Höhe und Design her kindgerechte Türklingel mit dem Versprechen auf prickelnde Brause findet sich in der Nelkenstraße.

This door bell, designed in height to suit a child with the promise of tingling sherbert can be found in the Nelkenstrasse.

In the park on Margaretenstreet Vitus succeeds in getting a general view from above ...

... while his sister Anna already knows what's what.

Cette poignée de porte, adaptée aux besoins des enfants tant par sa hauteur que par son design, et promettant les joies de la poudre effervescente, se trouve dans la Nelkenstraße.

Au terrain de jeux de la Margaretenstraße, Vitus s'arrange pour dominer la situation ...

... alors que sa sœur Anna sait bien vite où on doit aller.

Deze in hoogte en vormgeving kindgerichte deurbel met een belofte op prikkelende limonade is in de Nelkenstraße te vinden.

In de speeltuin in de Margaretenstraße verschaft Vitus zich eerst even een overzicht van boven ...

... en zusje Anna weet al heel vroeg waar het heengaat.

По высоте и дизайну подходящий для детей дверной звонок, на Нелькенштрассе.

На игровой площадке Маргаретенштрассе осматривает Витус все с высоты ...

... а сестра Анна знает что дальше.

Auf dem Spielplatz an der Margaretenstraße verschafft sich Vitus erst einmal den Überblick von oben ...

... und Schwester Anna weiß schon ziemlich früh, wo's langgeht.

Stellvertretend für das gastronomische Angebot der Stadt seien hier nur zwei sehr gegensätzliche Vertreter gezeigt: Die Feinkosthandlung Klöter im Herbartgang für den gehobenen Geschmack …

Two very contrasting representatives of the gastronomic choice of the city: the delicatessen Kloeter in the Herbartgang for the refined taste …

… and the pub Marvins in the Rosenstrasse, whose menu was once adorned with the enchanting addition of "price includes VAT and sometimes even service".

Deux exemples très opposés de l'offre gastronomique de la ville: l'épicerie fine Klöter dans le Herbartgang, pour le goût relevé …

… et le Marvins, un bistrot branché de la Rosenstraße, dont le menu a déjà été complété par cet ajout édifiant: «Les prix comprennent les taxes et parfois aussi le service».

Plaatsvervangend voor het gastronomische aanbod in de stad zullen hier alleen twee heel tegenovergestelde vertegenwoordigers worden genoemd: specialiteitenzaak Klöter in de Herbartgang voor de fijnproever …

… en de kroeg Marvins in de Rosenstrasse, waarvan de menukaart ooit door het toevoegsel werd gesierd: „In de prijzen zijn de voorgeschreven BTW inbegrepen en soms ook service".

Гастрономический ассортимент в городе показывают два противоположных представителя: гастрономия Клетер для изысканного вкуса на Гербартганг …

… и трактир Марвинс на Розенштрассе, меню которого однажды украшало пленительное дополнение "цены содержат законный налог на добавочную стоимость и иногда также сервис".

… und die Szenekneipe Marvins in der Rosenstraße, deren Speisekarte einmal der hinreißende Zusatz zierte „Die Preise enthalten die gesetzliche Mehrwertsteuer und gelegentlich auch Service".

Gut 11.000 Studierende bevölkern den Campus der Carl-von-Ossietzky-Universität, die mit etwa 1.800 Beschäftigten auch einer der größten Arbeitgeber in der Region ist. Unten das neue Hörsaalzentrum, rechts eine Studentin in der Bibliothek, ein Physiker am Rastertunnel-Mikroskop, ein Bläser-Workshop und ein Kunstseminar.

Well over 11,000 students fill the Carl-von-Ossietzky University campus. With its 1,800 employees the university is also one of the largest employers of the region. Below, the new lecture centre, right, a student in the library, a physicist at the raster tunnel microscope, a glass blowing workshop and an art seminar.

Plus de 11 000 étudiants fréquentent le campus de l'université Carl-von-Ossietzky – qui, avec ses 1800 employés, est un des plus importants employeurs de la région. Ci-dessus, le nouveau centre auditorium, à droite, une étudiante dans la bibliothèque, un physicien avec un microscope sophistiqué, une classe d'instuments à vent et un séminaire d'arts plastiques.

Rond 11.000 studerenden bevolken de campus van de Carl-van-Ossietzky-Universiteit, die met ongeveer 1.800 medewerkers ook een van de grootste werkgevers in de regio is. Beneden het nieuwe collegezaalcentrum, rechts een studente in de bibliotheek, een fysicus aan een microscoop, een blazer-workshop en een kunstcollege.

Около 11.000 студентов населяют кампус университета имени Карла фон Озитски, приблизительно с 1.800 работниками университет является одним из самых крупных работодателей в регионе. Внизу новый корпус, справа студентка в библиотеке, физик за микроскопом, и художественный семинар.

73

🌉 The Hochhauser street is one of the last streets to retain its bumpy cobbles with a strip of bricks in the middle, not originally intended for cyclists but for horses.

🗼 La Hochhauser Straße est une des dernières rues ayant encore son vieux pavé bien bossu avec une bande de briques recuites au milieu – aujourd'hui très appréciée des cyclistes, mais originellement destinée à faciliter la marche des chevaux.

🥐 De Hochhauser Straße heeft als een van de weinige nog de echt hobbelige kasseien met een klinkerstreep in het midden - die oorspronkelijk niet voor fietsers, maar voor een betere gang van de paarden gemaakt werd.

🪆 Хохаузерштрассе- одна из немногих булыжных мостовых с полосой из плоских камней посредине, сделанной не для велосипедистов, а для лучшего прохода лошадей.

Die Hochhauser Straße hat als eine der wenigen noch das richtig bucklige Kopfsteinpflaster mit einem Klinkerstreifen in der Mitte – der ursprünglich nicht für Radfahrer, sondern für den besseren Gang der Pferde gemacht wurde.

🏰 Today, this beautifully restored villa at the corner of the Nadorsterstrasse is a hair salon, but even locals who cycle past twice a day have difficulty recognising the picture.

🗼 Cette belle villa restaurée située au début de la Nadorster Straße, abrite aujourd'hui un salon de coiffure.

🥿 Deze mooi gesaneerde villa aan het begin van de Nadorster Straße herbergt tegenwoordig een kapsalon – maar zelfs Oldenburgers die twee keer per dag voorbijfietsen, kunnen dit beeld maar zelden goed plaatsen.

🪆 В этой красиво отреставрированной вилле в начале Надостерштрассе находится сейчас парикмахерский салон- но даже ольденбуржцы, которые дважды в день проезжают мимо , не могут правильно сопоставить картину.

Diese schön sanierte Villa am Anfang der Nadorster Straße beherbergt heute einen Friseursalon – aber selbst Oldenburger, die zwei mal am Tag vorbeiradeln, können das Bild nur selten richtig zuordnen.

Schon 1682 wird der Pferdemarkt als „Marktplatz vor Oldenburg" und „Treffpunkt der Pferdezüchter" erwähnt. 1850 wird er durch die Errichtung von zwei identischen Infanteriekasernen zum Militärstandort und Exerzierplatz. Die westliche der beiden Kasernen (links) überstand die Zeit und beherbergt heute Teile der Stadtverwaltung, die östliche brannte ab und wurde 1905 durch eine neue Kaserne ersetzt, in der sich heute die Landesbibliothek befindet (unten).

The Pferdemarkt was mentioned as early as 1682 as the "marketplace outside thee town gates" and the "meeting place of horse breeders". In 1850 it was turned into a parade ground through the creation of two identical infantry barracks. The west barrack has survived and today houses part of the town council offices. The east barrack burned down and was replaced with a new barracks, which is today the county library.

En 1682 on mentionne le Pferdemarkt comme étant un «marché près d'Oldenbourg» et un «rendez-vous des éleveurs de chevaux». La construction de deux casernes d'infanterie identiques le transforme en 1850 en site militaire et en place d'armes. La caserne située à l'ouest (à gauche) a survécu et héberge aujourd'hui une partie de l'administration municipale. Celle de l'est passa au feu et fût remplacée en 1905 par une nouvelle caserne qui abrite aujourd'hui la Landesbibliothek (Bibliothèque du Land, photo du bas).

Al in 1682 wordt de Paardenmarkt als „marktplaats voor Oldenburg" en „trefpunt van de paardenfokkers" genoemd. In 1850 wordt hij door de oprichting van twee identieke infanteriekazernes een militaire stand- en exerceerplaats. De westelijke van de twee kazernes (links) heeft de tijd getrotseerd en herbergt nu een deel van het gemeentebestuur, de oostelijke brandde af en werd in 1905 vervangen door een nieuwe kazerne, waarin zich nu de landsbibliotheek bevindt (onder).

С 1682 года упоминается Пфердемаркт(дословно Лошадиный рынок)как „Площадь перед Ольденбургом" или „Место встречи коневодов". В 1850 на площади строят две одинаковые казармы, образуется армейский пехотный городок с учебным плацом. Западная казарма (слева) выдержала прошедшее, и содержит в себе часть городского управления, восточная же сгорела и только в 1905 году была отстроена заново, в ней сегодня находится библиотека (внизу).

Schönheitswettbewerb: Für die Rinderauktion in der Weser-Ems-Halle werden die Kühe mit Kamm, Trimmer und Haarfärbemittel auf Hochglanz gebracht, bevor sie auf das grün gefärbte Sägemehl in die Halle geführt werden. – Echt ist hingegen das satte Grün der Donnerschweer Wiesen, im Hintergrund der Wasserturm.

Beauty pageant: for the cattle auction in the Weser-Ems-Halle, cows are made to look their best with combs, trimmers and hair dye before being led out onto the green coloured sawdust in the hall. In comparison, you can find real green in the Donnerschwee meadows, behind the water tower.

Concours de beauté: pour la vente aux enchères dans la Weser-Ems-Halle, les vaches sont toilettées à coups de peigne, rasoir et teinture à cheveux avant d'être dirigées vers la grande salle au planché couvert de sciure teinte en vert. — Bien véritable par contre est le vert intense de la prairie de Donnerschweer, avec le château d'eau en arrière-plan.

Schoonheidswedstrijd: Voor de runderveiling in de Weser-Ems-Hal worden koeien met kam, trimmer en haarkleurmiddel opgemaakt, voordat ze op het groen gekleurde zaagsel van de hal in worden geleid. — Echt is daarentegen het diepe groen van de Donnerschweer weiden, op de achtergrond de watertoren.

Конкурс красоты: на аукционе скота в Везер-Эмс зале, коров расчесывают, подстригают, покрашивают шерсть для блеска, перед тем как вывести их на зеленые опилки в зале.- Настоящая же трава на Доннершвер поляне, на фоне Водонапорная башня.

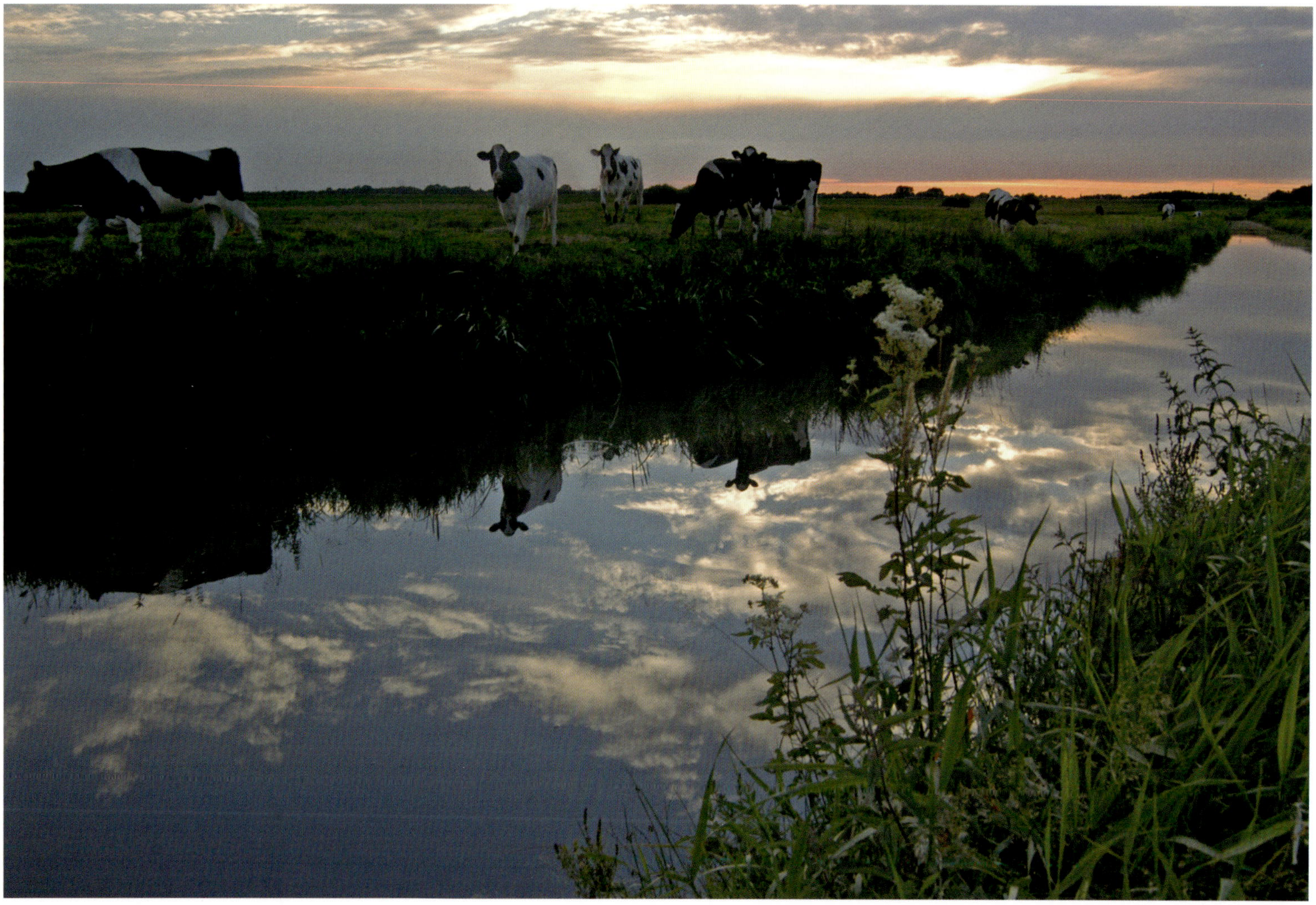

Abendstimmung auf den Bornhorster Wiesen im Norden der Stadt.

Evening mood on the Bornhorst meadows, to the north of town.

Ambiance de soirée sur les prairies de Bornhorst au nord de la ville.

Avondstemming op de Bornhorster weiden in het noorden van de stad.

Вечернее настроение на Борнхостер поляне в северной части города.

In 1608, Count Anton Guenter allowed the first "Krahmer-Marckt" to be held, where the harvested goods were bartered. 400 years later the Kramermarkt has the most up to date fairground rides and an attendance of over 1,5 million, making it the 5th largest funfair in Germany.

En l'an 1608, le comte Anton Günther fit tenir pour la première fois un «Krahmer-Marckt», dans le but de faciliter le commerce des récoltes. 400 ans plus tard, le Kramermarkt se présente avec des attractions modernes et accueille annuellement à peu près 1,5 million de visiteurs, ce qui le place au cinquième rang des grandes fêtes populaires d'Allemagne.

In het jaar 1608 liet Graaf Anton Günther voor de eerste keer de „Krahmer Marckt" plaatsvinden, waarop de binnengehaalde oogst verhandeld werd. 400 Jaar later presenteert de Kramermarkt zich met de meest moderne attracties en een bezoekersaantal van anderhalf miljoen mensen - en belandt daardoor op de vijfde plaats van de grootste volksfeesten in Duitsland.

В 1608 году граф Антон Гюнтер устроил первый раз „Крамер- маркт", на котором продавали урожай. 400 лет спустя Крамермаркт представляет собой самые современные атракционы и около 1,5 миллиона посетителей- и занимает 5 место среди наибольших народных праздников в Германии.

Im Jahre 1608 ließ Graf Anton Günther zum ersten Mal „Krahmer-Marckt" halten, auf dem die eingebrachte Ernte gehandelt wurde. 400 Jahre später präsentiert sich der Kramermarkt mit modernsten Fahrgeschäften und einer Besucherzahl von 1,5 Millionen Menschen – und belegt damit immerhin Platz 5 unter den größten Volksfesten in Deutschland.

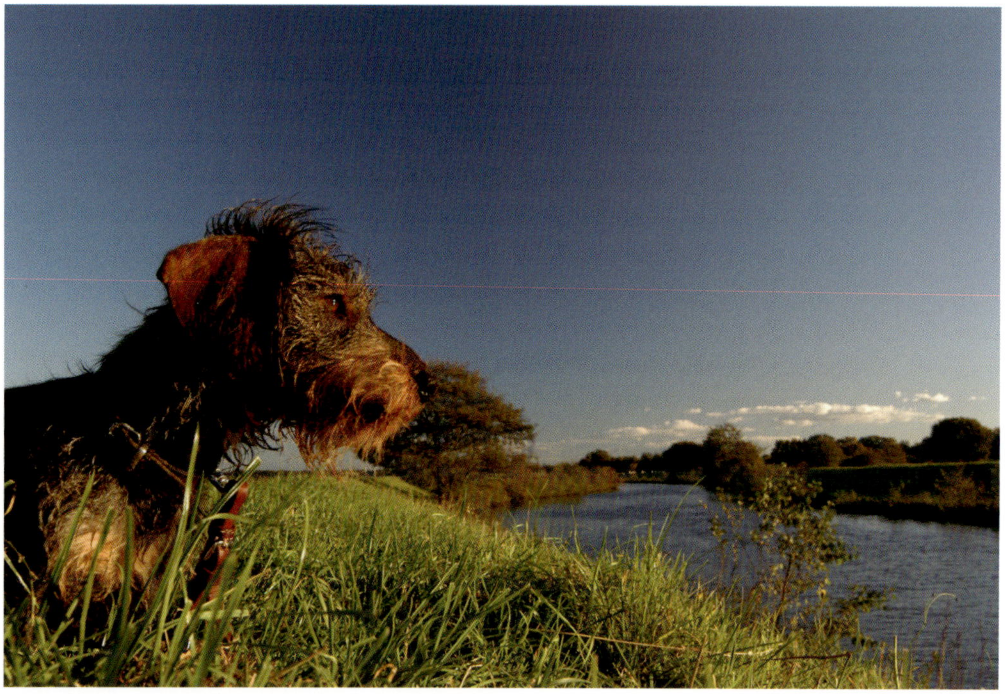

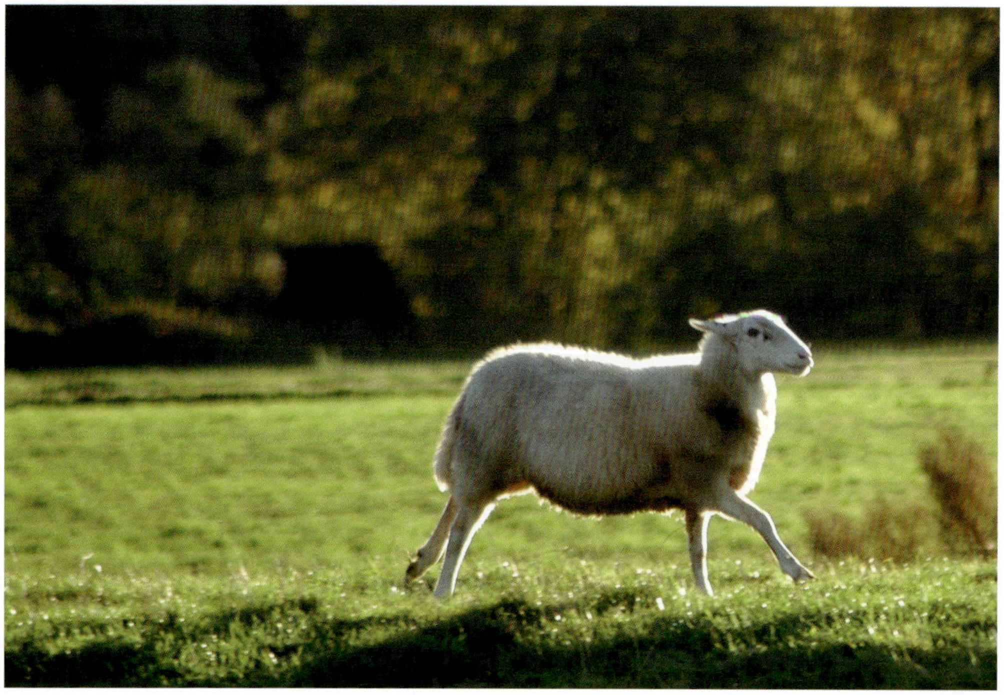

Rauhaardackel und springende Schäfchen auf dem Huntedeich, gereifte Ähren in einem sonnendurchfluteten Feld – die Umgebung der Stadt bietet dem Spaziergänger viele reizvolle Perspektiven …

Wire-haired dachshund and frolicking lambs on the Huntedeich, ripe corn in a sun drenched field; the surrounding countryside provides the walker with many delightful views …

Teckel échevelé et mouton gambadant sur le Huntedeich (la digue de la rivière Hunte), des épis murs dans un champ ensoleillé – les alentours d'Oldenbourg offrent aux promeneurs plusieurs perspectives charmantes …

Ruwharige tekkels en springende schaapjes op de Huntedijk, gerijpte aren in een zonovergoten veld – de omgeving van de stad biedt de wandelaar veel aantrekkelijke perspectieven …

Рыжая такса и прыгающие овечки возле Хунте, спелые колосья на солнечном поле- город дает всем прогуливающимся прекрасные перспективы …

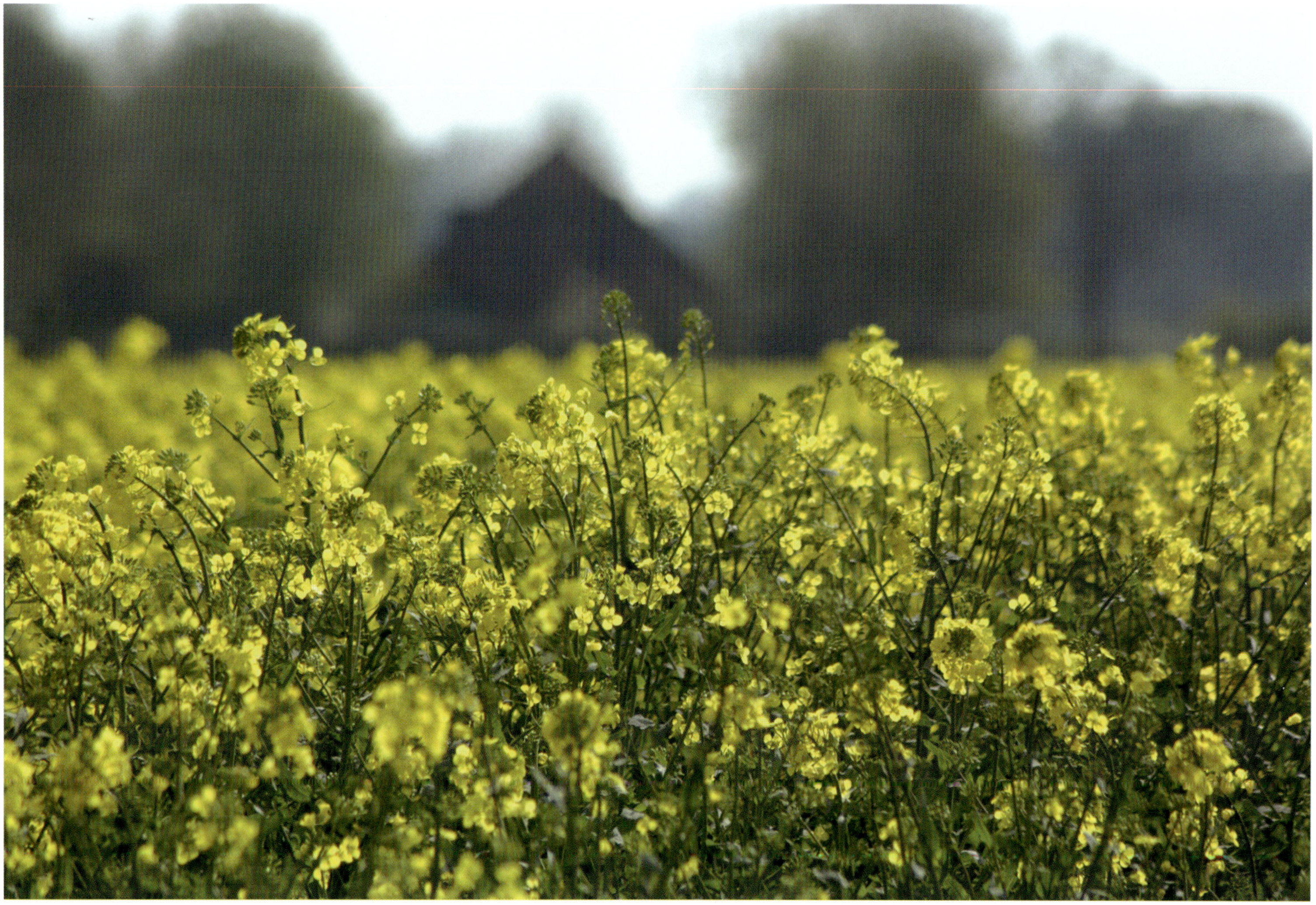

… zu denen auch intensiv leuchtende Rapsfelder gehören und der weite norddeutsche Himmel mit seinen ständig wechselnden Wolkenformationen.

… including the bright yellow rape fields and the wide open skies of north germany with its constantly changing cloud formations.

… auxquelles appartiennent aussi les champs de colza lumineux et le ciel immese de l'Allemagne du Nord avec ses formations nuageuses en mouvement perpétuel.

… waaronder ook de intensief stralende koolzaadvelden en de wijde Noord-duitse lucht met permanent wisselende wolkenformaties.

… к которым принадлежат интенсивно светящиеся поля рапса и далекое северногерманское небо с постоянно перемещающимися облаками.

Das Jugendstilgebäude des Oldenburger Hauptbahnhofs wurde 1915 eingeweiht. Für den Großherzog von Oldenburg war seinerzeit ein separates Gebäude zum Besteigen der Züge vorgesehen, die sogenannte Fürstenhalle links des Bahnhofs. Heute gibt es Klassenunterschiede nur noch im Zug, die sanierte Bahnhofshalle durchqueren alle gemeinsam. – Und auch ein Wunsch eint alle: Mehr Grün auf dem Bahnhofsplatz, bitte!

The Art nouveau building of Oldenburg's main railway station was opened in 1915. A separate building, called the Fuerstenhalle, to the left of the station, was originally designed for the Grand Duke of Oldenburg for boarding trains. Today the only class differences are to be found on the train. Everybody uses the newly renovated station concourse together. One thing also unites all: the wish for more greenery, please, on the station forecourt!

La gare centrale d'Oldenbourg, construite dans le style Art nouveau, fût inaugurée en 1915. Le grand-duc d'Oldenbourg bénéficiait d'un bâtiment privé pour monter dans le train, la salle princière, à gauche de la gare. Aujourd'hui, il n'y a de différences de classes que dans les trains mêmes, tous traversent ensemble le hall rénové de la gare. Et un vœu unit les oldenbourgeois de toute classe: plus de verdure sur la place de la gare, s'il-vous-plaît!

Het jugendstilgebouw van het Oldenburger centraal station werd in 1915 ingewijd. Voor de groothertog van Oldenburg was er toen een apart gebouw om van daaruit de treinen te betreden, de zogenaamde vorstenhal links van het station. Klasse verschillen zijn er tegenwoordig alleen nog in de trein zelf, door de gesaneerde stationshal lopen allen gezamenlijk. Ook een gemeenschappelijke wens van allen: Meer groen op het stationsplein, alstublieft!

Ольденбургский главный вокзал, здание с тиле модерн, торжественно открылся в 1915 году. Для герцога в его время была отдельная платформа для посадок в поезд , так называемый Княжеский зал слева от вокзала. Сегодня классовые различия есть только в поездах, отремонтированное помещение вокзала пересекают все. И еще одно желание объединяет всех: побольше зеленых насаждений на площади вокзала, пожалуйста!

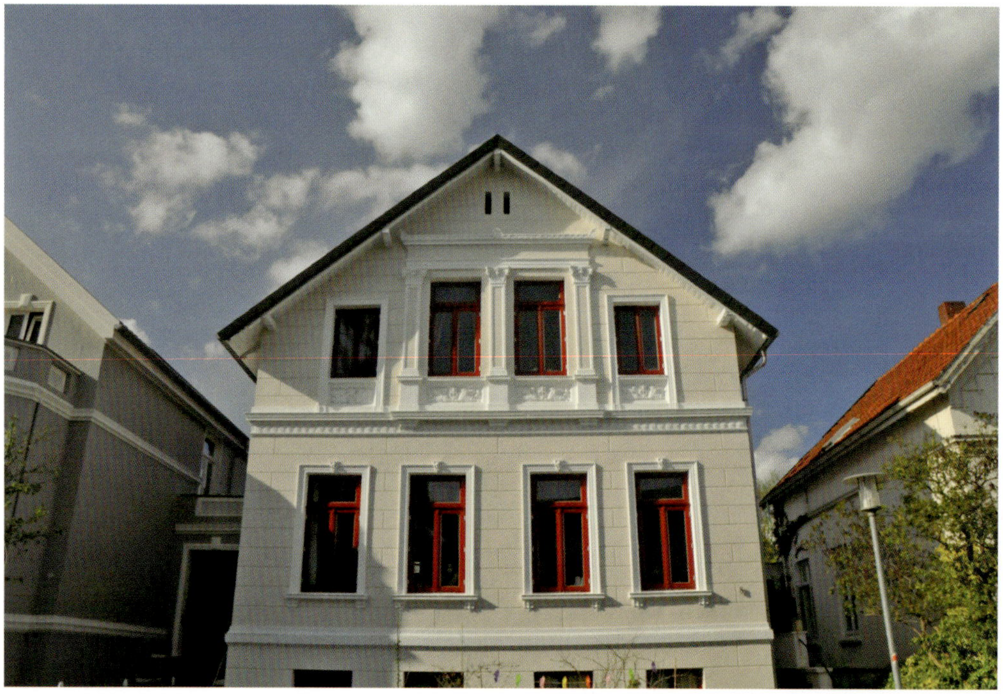

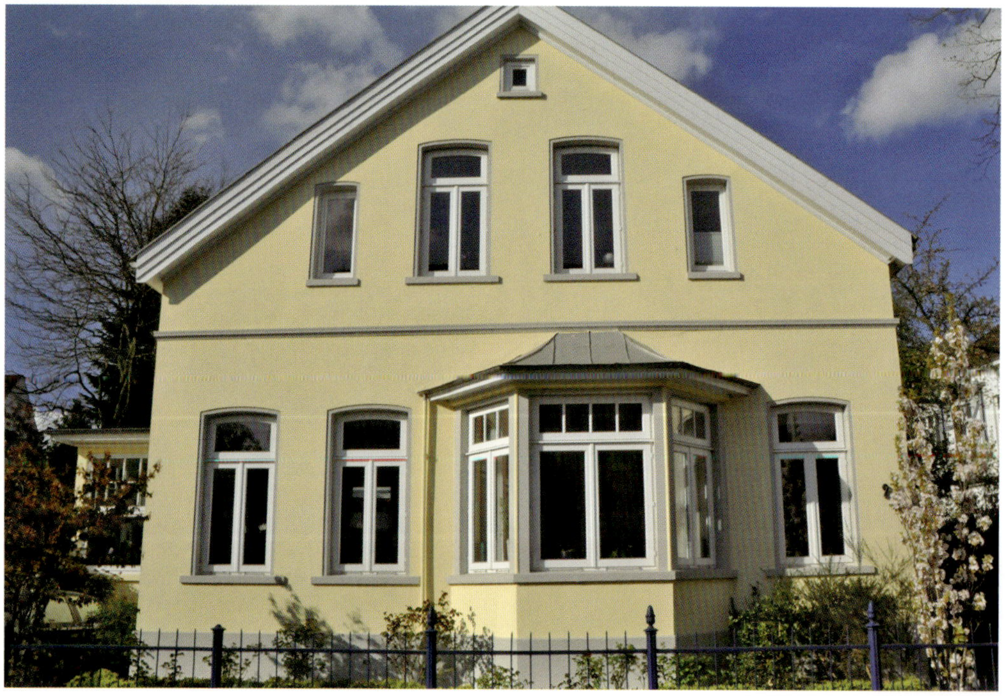

Die „Oldenburger Hundehütte" war zwischen 1860 und 1910 der bevorzugte Wohnhaustyp in der Stadt, ganze Straßenzüge sind noch heute davon geprägt.
Die „Hundehütte" ist ein anderthalbgeschossiges Haus mit Satteldach, oft mit Souterrain. Die Fassade zur Straße hin ist durch Stuck-Elemente oder Leisten verziert. Die beiden äußeren Fenster des Obergeschosses sind kleiner als die inneren. Unter dem First ist meist das so genannte Eulenloch, ein kleines Fenster zum Dachboden hin (links Haareneschstraße, unten Katharinenstraße, rechts Blick durch die Blumenstraße).

Between 1860 and 1910, the "Oldenburg Dogkennel" was the most popular type of house design in the city and whole streets are still lined with them.

The "Hundehuette" is a one and a half storey house with a saddle roof, often with a basement. The facade facing the street is often decorated with stucco elements or borders. Both the outer windows of the first storey are smaller than the inner ones, while under the roof ridge there is usually the so-called "owl hole", a small window into the loft (left, the Haareneschstrasse, below Katharinenstrasse, right a view through the Blumenstrasse).

La «niche d'Oldenbourg» a été le type d'habitation préféré de la ville dans les années 1860-1910, on en retrouve des ensembles intactes dans de nombreuses rues.

La «niche» est une maison à un étage et demi, souvent dotée d'un sous-sol. La façade donnant sur la rue est décorée de moulures ou d'éléments de stuc. A l'étage supérieur, les deux fenêtres latérales sont plus petites que celles du milieu. Sous le faîte se trouve souvent le Eulenloch (trou à hibou), petite fenêtre donnant sur les combles (à gauche: Haareneschstraße, en bas: Katharinenstraße, à droite un coup d'œil dans la Blumenstraße).

Het „Oldenburger Hondenhok" was tussen 1860 en 1910 het favoriete type woonhuis in de stad, het is vandaag de dag nog tekenend voor hele rijen straten.

Het „Hondenhok" is een huis met anderhalve verdieping en een zadeldak, vaak met souterrain. De façade aan de kant van de straat is met stucelementen of lijsten versiert. De twee buitenste ramen van de bovenverdieping zijn kleiner dan de ramen binnen. Onder de nok van het dak zit meestal het zogenaamde uilengat, een klein raampje naar de zolder toe (links Haareneschstrasse, onderaan Katharinenstrasse, rechts blik op de Blumenstrasse).

„Ольденбургская собачья будка" между 1860 и 1910 годами самый предпочтительный тип жилого дома.

„Собачья будка" это полтораэтажный дом с двускатной крышей, часто с полуподвалом. Фасад украшен планками и элементами штукатурки. Оба наружных окна верхнего этажа меньше чем внутренние. Сверху находится так называемая совиная дыра, очень маленькое окошко на чердаке (слева Хааренштрассе, внизу Катариненштрассе, справа вид на Блюменштрассе)

Effervescent joie de vivre: In the Olantis Huntebad you can swim outside in the middle of winter or retreat to the cosy warmth of the sauna – that doesn't just make babies happy.

Joie de vivre bouillonnante pour tous les âges: au «Olantis Huntebad» on peut nager en plein air même en hiver ou se retirer dans la chaleur bienfaisante des saunas – il n'y a pas que les bébés que cela rend heureux!

Sprankelende levensvreugde voor jong en oud: In het Olantis Huntezwembad kun je ook in de winter buiten zwemmen of je in de behaaglijke warmte van de sauna's terugtrekken - dat maakt niet alleen baby's blij.

Бурная жизнерадостность для молодый и старых. Олантис бассейн, в котором можно также и зимой плавать снаружи, или удалится в тепло саун- это делает даже младенцев счастливыми.

Sprudelnde Lebensfreude für jung und alt: Im Olantis Huntebad kann man auch im Winter draußen schwimmen oder sich in die wohlige Wärme der Saunen zurückziehen – das macht nicht nur Babys glücklich.

Rechtzeitig Karten bestellen! Das Theater Laboratorium ist praktisch immer ausverkauft – wenig verwundernd, denn die kleinen Geschichten, in denen es immer um die großen Fragen des Lebens geht, kriechen den Menschen unter die Haut, lassen sie weinen, lachen und geläutert nach Hause gehen. Im Bild Pavel Möller-Lück in einer Szene der „Bremer Stadtmusikanten".

Book tickets early! The Laboratorium Theatre is almost always sold out. This is hardly surprising when you see the performances: little stories tackling big life issues get under the skin and make you laugh, cry and go home uplifted. Pictured, Pavel Moeller-Luck in a scene from the Bremen Town Musicians.

Réservez les billets à temps! Les représentations du Theater Laboratorium se jouent presque toujours à guichet fermé – ce n'est pas étonnant: les petites histoire parlent toujours des grandes choses de la vie, elles nous rejoignent droit au cœur, nous font rire, pleurer et on rentre chez soi riche d'une belle expérience. Sur la photo, Pavel Möller-Luck dans une scène des Musiciens de Brême.

Op tijd kaartjes bestellen! Het Theater Laboratorium is vrijwel altijd uitverkocht – weinig verbazingwekkend, want de kleine verhalen waarin het altijd gaat om grote vragen des levens, raken de mensen onderhuids, laten ze huilen, lachen en gelouterd naar huis gaan. In beeld: Pavel Möller-Lück tijdens een scène van de „Bremer stadsmuzikanten".

Билеты покупайте заблаговременно! Театр Лабораториум практически всегда раскуплен – нечему удивлятся, истории, которые всегда говорят о смысле жизни,проникают в душу, заставляют людей плакать,смеятся и уйти домой одухотворенными.На картине Павел Меллер-Люк на репетиции „Бременских

95

🌉 Presentation on the highest level: Nature and the history of the North West of Germany are brought to life in the Natural History Museum (Museum fuer Natur und Mensch). And death is also present: Above, a moor body, well preserved through the conserving effect of the peat.

🗼 Grande qualité: au Musée régional pour la Nature et pour l'Homme, la nature et le passé de l'Allemagne du nord-ouest sont présentés de façon vivante – et la mort y joue un rôle, ici sous forme d'un cadâvre de marais conservé grâce aux vertues de la tourbe.

👟 Presentatie op het hoogst mogelijke niveau: In het museum voor natuur en mens worden natuur en verleden van het noordwesten levendig in beeld gebracht – en de dood is er onderdeel van; hier te zien aan een veenlijk, dat door de conserverende werking van de turf bewaard is gebleven.

🤱 Презентация на высшем уровне:в краеведческом музее показано прошлое северозапада – и смерть принадлежит к нему тоже;здесь видна мумия, законсервированная в торфу,она хорошо сохранилась.

Präsentation auf höchstem Niveau: Im Museum für Natur und Mensch werden Natur und Vergangenheit des Nordwestens lebendig vermittelt – und der Tod gehört dazu; hier sichtbar in einer Moorleiche, die durch die konservierende Wirkung des Torfes erhalten blieb.

Eindrucksvoll beendet die Sonne ihr Tagwerk in der winterlichen Haarenniederung – und auf der anderen Seite steht schon der Mond über knorrigen Eichen.

An impressive end to the day in the wintry Haaren marsh (Haarenniederung) – and on the other page the moon has already risen over the gnarled oaks.

Dans les bas-fonds de la Haare, le soleil termine son travail quotidien. Et de l'autre côté, la lune est déjà au rendez-vous au-dessus d'un chêne noueux.

Indrukwekkend beëindigt de zon haar dagtaak in de winterse Haarenlaagte - en aan de andere kant staat de maan al boven knoestige eiken.

Впечатляюще заканчивает солнце свою дневную работу - на другой стороне уже стоит луна над угловатыми дубами.

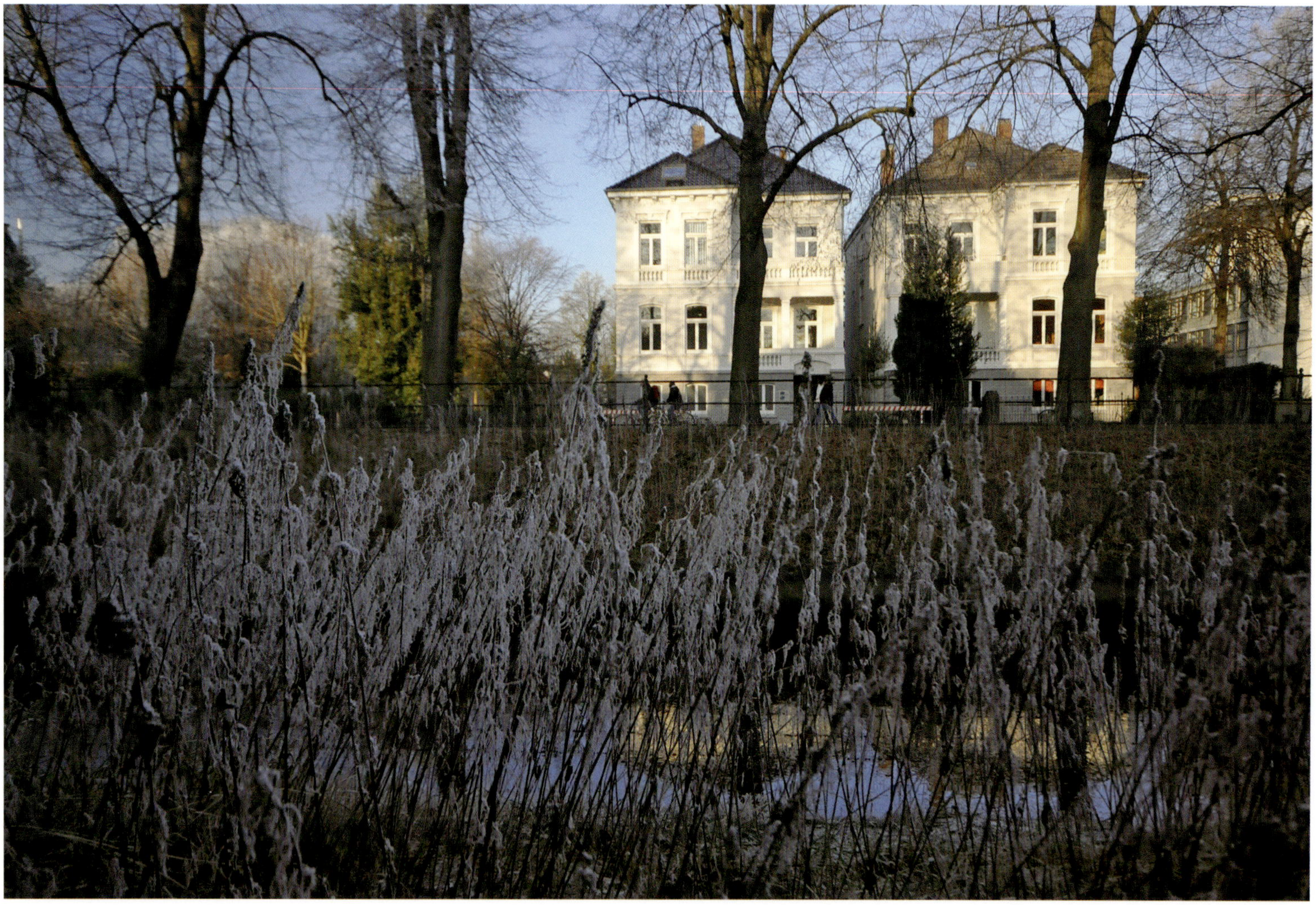

So ist der Winter richtig schön, wenn Raureif über Nacht die Stadt verzaubert, bei klirrender Kälte, klarer Luft und Sonnenschein. Unten die Haaren mit Zwillingsvillen an der Ofener Straße, rechts der Rosengarten im Schlossgarten …

This is what makes the winter a beautiful time of the year; when the heavy frosts make the city so enchanting; cold, clear air and sunshine. Left, the Haaren with the twin villas in the Ofenerstrasse, right the rose gardens in the palace gardens …

L'hiver dans toute sa splendeur: au cours de la nuit le givre a ensorcelé la ville, il règne un froid glacial et une grande luminosité. En bas, la rivière Haare et des maisons jumelles de la Ofener Straße, à droite, la roseraie du Schlossgarten …

Zo is de winter werkelijk mooi, wanneer ochtendrijp de stad na een nacht heeft omgetovert, bij felle kou, heldere lucht en zonneschijn. Onderaan de Haaren met tweelingvilla's aan de Ofener Strasse, rechts de rozentuin in de kasteeltuin …

Такая зима прекрасна, когда изморозь заколдовывает ночью город, звенящий холод, чистый воздух и солнечный свет. Внизу Хаарен с виллами-близнецами на Офенерштрассе, справа сад роз в Замковом парке …

... Radfahrer im
Eversten Holz ...

... cyclists in Eversten woods ...   ... Faire du vélo dans le bois d'Eversten ...   ... fietsers in het Eversten Hout ...   ... Велосипедисты в Еверстен Хольц ...

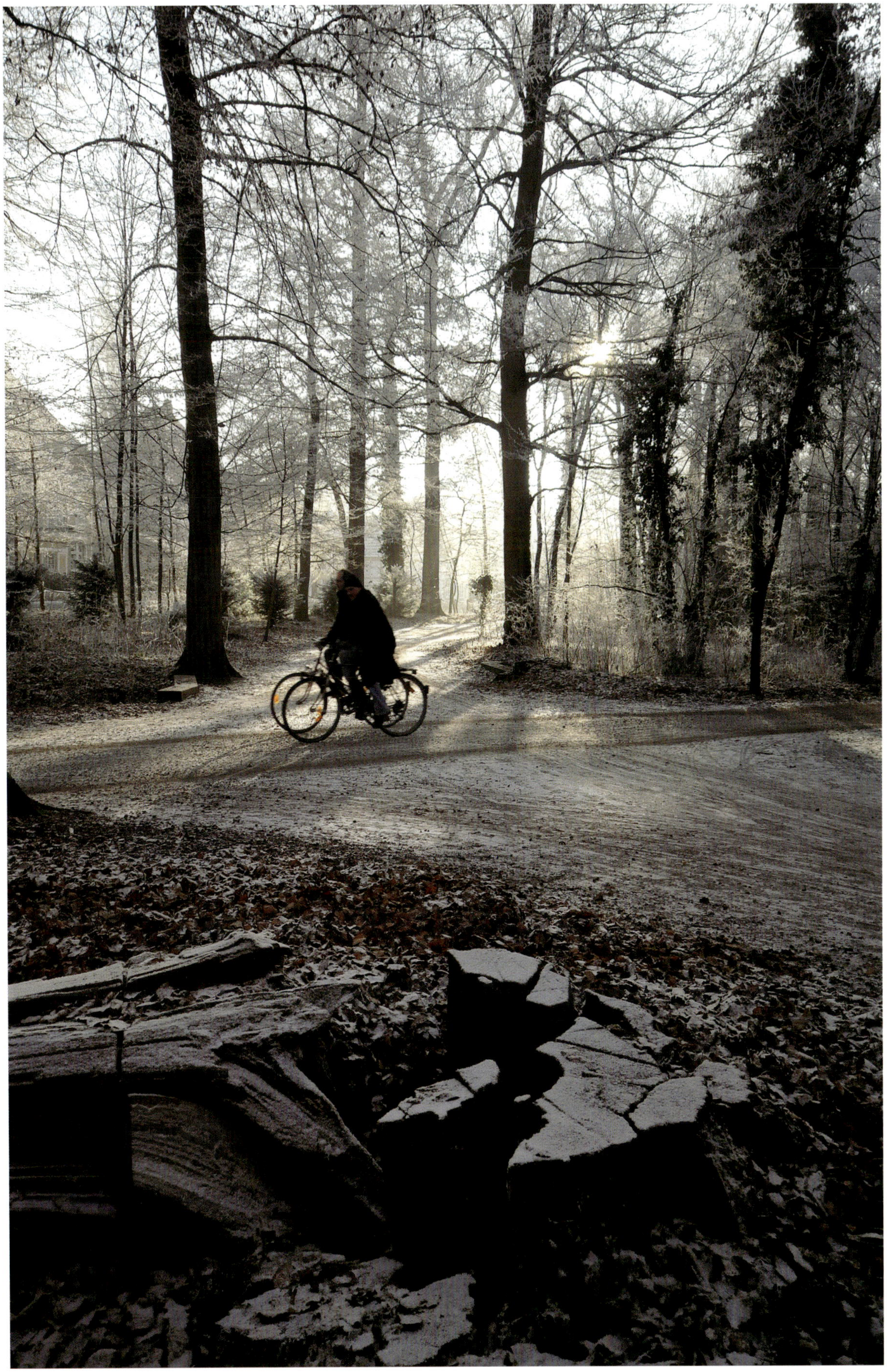

… Spaziergänger am Dobben und das Gebäude des Oldenburgischen Landtags. Der alte Landtag wurde wie das daneben liegende Staatsministerium von 1912 bis 1916 im Auftrag des Großherzogtums Oldenburg errichtet.

... walkers in Dobben and the Oldenburg state parliament buildings. The old landtag was built, like the state ministry alongside, between 1912 and 1916 by order of the Archduke of Oldenburg.

... des promeneurs aux bords du Dobben et l'édifice du Parlement oldenbourgeois. Il fût construit, de même que l'édifice voisin du Ministère d'État, de 1912 à 1916 sous ordre du grand-duché d'Oldenbourg.

... wandelaars aan de Dobben en het gebouw van de Oldenburgse landdag. De oude landdag werd zoals het ernaast gelegen staatsministerie van 1912 - 1916 in opdracht van het groothertogdom Oldenburg gebouwd.

Прогуливающиеся возле Доббен и здание ольденбургского министерства. Старое министерство было также, как соседнее государственное министерство построено в 1912-1916 по указу великого герцогства в Ольденбурге.

An der Hunte kräuselt ein schwacher Wind die Oberfläche des Wassers, während die ruhenden Boote im alten Hafen schon eine leichte Eisschicht umgibt.

A light wind wrinkles the surface of the water on the Hunte, while the resting boats in the old port are surrounded by a thin layer of ice.

Un vent faible fait frissonner la surface de l'eau de la Hunte pendant qu'une couche de glace fine recouvre les bataux du vieux port.

Aan de Hunte zorgt een zwakke wind voor rimpels op het wateroppervlak, terwijl de rustende boten in de oude haven al door een dunne ijslaag omgeven zijn.

На Хунте создает слабый ветер легкие волны, в то же время в старом порту окружает уже отдыхающие лодки тонкий слой льда.

Zum Ende des Jahres schaffen die weihnachtlichen Lichter eine ganz eigene Atmosphäre in der Innenstadt – wie hier in der Bergstraße.

Towards the end of the year the Christmas light create their own special atmosphere in the centre of town – as here in the Bergstrasse.

En fin d'année l'éclairage de Noël produit une atmosphère particulière dans le centre-ville – comme ici dans la Bergstraße.

Tegen het eind van het jaar scheppen kerstlichtjes een heel eigen sfeer in de binnenstad – zoals hier in de Bergstrasse.

В конце года рождественские фонари создают особенную атмосферу в центре-как здесь на Бергштрассе.

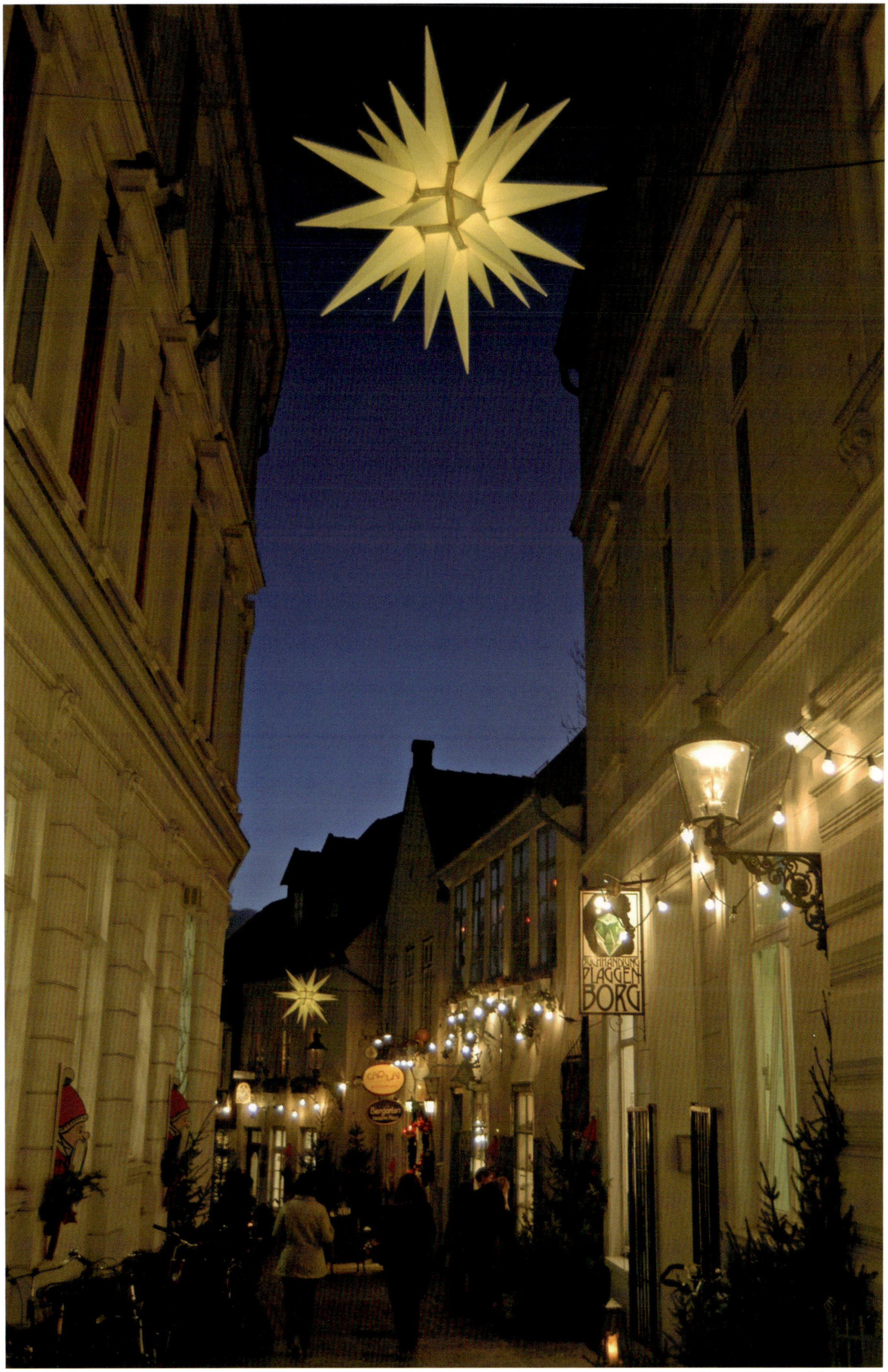
PLAGGEN
BORG

Auch die Fassaden der Baumgartenstraße werden durch das Licht schön in Szene gesetzt. Nach dem Stadtbummel gibt es Punsch und Leckereien auf dem Weihnachtsmarkt – aber Vorsicht: Verabredungen sollten punktgenau vereinbart werden, denn sonst findet man sich in der Menge kaum.

Even the facades of the Baumgartenstrasse become part of the scene in this light. After a stroll through town, there is punch and dainties to be had at the Christmas market – but be careful: make sure you agree on a time to meet up, otherwise you'll never find eachother in the crowd.

Les façades de la Baumgartenstraße sont aussi joliment mises en scène par les jeux de lumière. Après la balade en ville, on trouve du punch et des friandises sur le Weihnachtsmarkt (Marché de Noël). Mais attention : si on pend rendez-vous, il faut le faire de façon précise sans quoi on ne se retrouve pas dans la foule.

Ook de façades van de Baumgartenstrasse worden door het licht mooi in scène gezet. Na de stadswandeling vind je punch en lekkernijen op de kerstmarkt - maar let op: afspraken maak je beter nauwgezet, anders kun je elkaar in de drukte nauwelijks vinden.

Также фасады на Баумгартенштрассе из за освещения прекрасно вписываются в общую сцену .После городской прогулки есть лакомства и горячий пунш на Рожденственской ярмарке- но осторожно: все кто договорился о встрече, должны быть пунктуальны, иначе очень тяжело найти друг друга в человеческой массе.

Ein herzliches Danke möchte ich an alle richten, die mit Entgegenkommen und Unterstützung die Aufnahmen und die Entstehung des Buches ermöglicht haben.

Besonderer Dank gilt Ingrid Brockmann, ohne die viele der vorliegenden Motive nicht entstanden wären sowie Henning Franke und meiner Tochter Helen Thein für die kritische Begleitung bei der Bildauswahl. P. D.

Wieder daneben! Der Fotograf bei der Arbeit auf dem Turm der Lambertikirche, von wo aus das Bild auf Seite fünf entstand.

I would like to thank those who made the photos and the book possible through their support and kindness.
I would especially like to thank Ingrid Brockmann, without whom many of the motives shown here wouldn't have been possible. I am also most grateful to Henning Franke and my daughter Helen Thein for their crictical appraisal of the choice of pictures. P. D.

Missed again! The photographer at work on the tower of the Lamberti Church, from where the photo on page five was taken.

Je tiens à remercier du fond du cœur tous ceux qui, par leur bienveillance et leur soutien, ont participé à la prise des photos et à la production du livre. Un merci tout particulier s'adresse à Ingrid Brockmann, sans qui plusieurs des motifs n'existeraient pas, ainsi qu'à Henning Franke et à ma fille Helen Thein pour l'accompagnement critique lors du choix des photos. P. D.

Encore une fois à côté! Le photographe en plein travail sur la tour de la Lambertikirche, de là où fût prise la photo de la page cinq.

Een hartelijk dankwoord wil ik aan iedereen richten, die door medewerking en ondersteuning de afbeeldingen en het ontstaan van dit boek mogelijk heeft gemaakt. In het bijzonder dank ik Ingrid Bockmann, zonder wie veel van de afgedrukte foto's niet tot stand waren gekomen, en Henning Franke en mijn dochter Helen Thein voor de kritische begeleiding bij de beeldkeuzes. P. D.

Weer mis! De fotograaf aan het werk op de toren van de Lambertikerk, van waaruit het beeld op pagina vijf is ontstaan.

Хочу выразить большую благодарность всем, кто помогал в создании этой книги.
Особенное спасибо Ингрид Брокманн, без которой многие мотивы не были бы осуществлены, а также Хеннингу Франке и моей дочери Хелен Тайн за критику при выборе фотографий. П.Д.

Опять не то! Фотограф во время съемок на башне Ламберти церкви, с которой была сделана фотография на пятой странице.